JN315964

はりま伝説 夢物語

文　埴岡　真弓
絵　ドウノヨシノブ

プロローグ

昔話は、「むかし、あるところに」で始まる、時も場所も不特定の物語だ。それに対して、伝説は時代と場所が特定された物語といわれる。昔話はいわばファンタジーであり、「めでたし、めでたし」で話が終われば、聞き手は現実の世界に戻る。囲炉裏ばたの語り手たちは、「これは別の世界のお話だよ」という心持ちで、自分が幼い頃に楽しんだ昔話を子どもや孫に語ってきた。

「夢物語」という題名に反するようだが、伝説は聞き手たちが信じることを前提に語り継がれてきた物語だ。自分たちが住む地域の身近な場所、よく知っている事物について、「あの寺は…」「そこのお地蔵さんは…」「この祭りは…」とその由来を伝え、不思議な出来事を語り継ぐ。それは、歴史の教科書には載っていないが、自分たちの地域の歴史として大切に守られてきた物語なのである。

古代の『播磨国風土記』、中世の『峰相記』、近世の『播磨鑑』をはじめとする豊富な地誌類。そこには、それぞれの時代に、それぞれの地域で信じられていた伝説が無数にきらめいている。播磨に住む人々は、気の遠くなるような昔から、大地に根ざした物語を紡ぎ続けてきた。一つ一つ手に取ってみると、どの物語にも土地の歴史、文化や信仰が潜んでいる。

伝説には故郷に寄せる人々の想い、その土地に生まれたことに対する誇りが込められている。そう感じずにはいられない。伝説は、決して何の根拠もない作り話ではない。確かに史実とは一線を画さねばならないが、身近な歴史を知るための貴重な資料であり、未来へ手渡すべき地域の財産だ。播磨の地に残された数々の伝説を楽しみながら、ほんの少し自分の故郷を見つめ直してみる。そんな手掛かりを見つけていただくことを願って、「夢物語」の幕を開けたい。

埴岡　真弓

はりま伝説 夢物語

もくじ

播磨

姫路

姫路市本町▼地図A1

天守閣の妖怪
――美女？　座頭？　正体は鬼神

姫山に立つ姫路城大天守閣の最上階には、「おさかべ姫」という妖怪が棲《す》む。江戸時代の人々はそう信じていた。泉鏡花の『天守物語』や講談「宮本武蔵の妖怪退治」は、この伝説をモチーフとする。もっとも早い物語化は、江戸初期に書かれた『諸国百物語』「播州姫路の城ばけ物の事」だ。

ある夜のこと、城主秀勝は天守閣の怪火を探るよう家来たちに命じる。勇敢な若侍が登っていくと、最上階には火が灯り、十二単の美女が…。若侍は城主から預かった提灯に火を点してもらい、櫛を授かって帰る。提灯の火は若侍しか消すことができず、櫛は具足櫃に入れておいたはずのもの。不思議に思った秀勝が天守閣に登ると、美女はおらず、なじみの座頭が現れた。秀勝が座頭の差し出す琴の爪箱を開けようとすると、手足が爪箱にくっついてしまう。その途端、座頭は鬼神に変じて「われはこの城の主」と宣言する。秀勝は鬼神に降参し、やっと命拾いした。

©ドウノヨシノブ

『諸国百物語』にはもうひとつ、池田輝政の病気平癒を祈る高僧が鬼神に蹴殺された「播磨国、池田三左衛門わづらひの事」がある。輝政の病気と祈祷は史実で、築城を終えた輝政に天狗から書状が届くという怪事件もあった。そのため輝政は城内の鬼門に姫山の地主神、刑部《おさかべ》明神を祀る長壁《おさかべ》神社を建てている。姫山は『播磨国風土記』に登場する日女《ひめ》道《ぢ》丘に当たるが、この小丘の神は女神だったようだ。風土記に男神である大汝《おおなむち》・少《すくな》日《ひ》子《こ》根《ね》命と「期《ちぎ》り会《あ》」った記事が載っている。古い女神信仰が、男神である刑部明神を歌舞伎でも人気を博した妖怪おさかべ姫に変身させたのかもしれない。

MEMO 姫路城北東隅に、「長壁神社遺趾」の石碑が立つ。輝政以来、代々の城主に崇敬された長壁神社の跡地。現在は、大天守閣の最上階に長壁神社の祠がある。そのほか、ゆかた祭りで知られる立町、播磨国総社、野里の大歳神社境内にも同社が祀られている。

桜井源兵衛の墓
――傾いた天守閣憂える

姫路市本町▼地図A2

「姫路城を建てたのは？」「池田輝政」「ブー！　大工さん」という問答をしたことのある方もいるかもしれない。その大工さんにまつわる伝説を紹介したい。

江戸時代、「東かたむく姫路の城は花のお江戸が恋しいか」という唄が流行った。当時から、天守閣は実際に東南に傾いていたらしい。目に見えるほどの傾きであったために、こうした俗謡が生まれたようだ。昭和の大修理では、基礎にコンクリートの定盤を置く大工事が行われた。

伝説によると、天守閣を建てた大工棟梁は桜井源兵衛。源兵衛は、完成した天守閣に妻を伴って登った。よほどの愛妻家だったにちがいない。ところが、妻は祝いの言葉を述べつつ、「少し傾いているのでは」と天守閣の傾斜を指摘する。欠陥に気づいた源兵衛は、鑿《のみ》をくわえて最上階から身を投げた。清水門近くにある大きな石碑がその墓で、源兵衛が落ちた場所に建てたのだともいわれている。桜井源兵衛は架空の人物であり、実際に築城で腕を揮ったのは豊臣秀吉の姫路城を築いた磯部家一統だろうと、『姫路市史』（十四巻）は推測している。磯部家は、秀吉に従った志摩国の宮大工だ。

源兵衛の墓と伝えられた石碑は、実際には千姫のお舅さん、本多忠政が行った船場川改修の記念碑である。碑文が読めなくなり、瘧《おこり》（熱病の一種）を治す「瘧石」など、さまざまに解釈された。桜井源兵衛の伝説は、江戸時代の後期には成立していたらしい。傾く天守閣を心配しつつ見守っていた城下の人々、その心情が生んだ悲話といえるのかもしれない。

MEMO 石碑は、城周辺観光ループバス「清水橋」停留所付近に所在。元禄八年（一六九五）の文書に建立の経緯が書かれており、船場川沿いに忠政が整備した材木町の人々が建立したものと判明している。同停留所は「千姫の小径」の出発点。

鷺の清水

――本多忠政、名水の味比べ

姫路市本町▼地図A3

「桜井源兵衛の墓」といわれた石碑と目と鼻の先、清水門跡に木造瓦葺きの覆い屋が立つ。復元された江戸時代の石組み井戸「鷺《さぎ》の清水」だ。江戸時代の地誌『播磨鑑《かがみ》』によると、古くは「鷺水」と呼ばれた。赤松義祐が作ったとされる、「さぎの水昔ならばや五位の鳥いかでかいなかに住みはつべき」という歌が載っている。義祐は播磨国守護赤松晴政の子で、姫路市夢前町にあった置塩城の城主だった。

さて、本多忠政が姫路城主であったとき、京都の町人と茶の湯の話になったという。町人は、都には「柳の水」という名水があり、その水で点てる茶は味が違うと自慢する。忠政は「いや、わが城内の清水（鷺の清水）は柳の水に劣らぬ」と主張して、名水の味比べが始まった。

町人は遠い京都から運んでは水の味が落ちると心配したが、忠政が妙案を思いつく。力者二人を京へ派遣し、十五日早朝、柳の水を汲んで出立させ、同時刻に姫路からも鷺の清水を運ぶ力者二人が出発する。出会った中間地点で折り返し、四人連れだって姫路へ向かい、到着したらそれぞれの水で御茶を点てる。忠政が考案したこの公平な方法で味を競ったところ、甲乙つけがたく、鷺の清水の名はいよいよ高まったそうだ。

ただし、井戸は城内にあったため、町の茶人たちは用いることができなかった。そこで、井戸から船場川へと流れ落ちる水を汲んで茶を点てたという。鷺の清水は「桜木井」ともいわれたという。桜井源兵衛の名との関係が気になるところだ。明治時代以降は姫路城を管轄した陸軍の軍用となり、第二次世界大戦後もしばらく市民の飲料に供されていた。

MEMO 城周辺観光ループバス「清水橋」停留所の向かい側に所在。北勢隠《せがくし》門と接する形で設けられていた清水門跡の発掘調査後に復元された。近くに吉水地蔵が祀られ、地域の人々の信仰を集めている。

©ドウノヨシノブ

岡寺の僧と狐

——傘ごと中ぶらりんに

姫路市岩端町あたり
▼地図Ａ4

姫山と船場《せんば》川を挟んで向き合う小丘は「男山」、古くは「長彦山」と呼ばれていた。「長彦」とは、『播磨国風土記』に登場する尾張氏の始祖「長日子《ながひこ》」のこととされる。『播磨鑑』は山上に長彦社が祀られていたと記すが、山麓には岡寺という寺があった。この寺に祀られている観音は、香山《こうやま》（たつの市新宮町香山か）から掘り出されたものだった。また、岡寺は播磨国衙の祈願所で、たびたび霊験があったと記されている。ただし、岡寺が威勢を振るったのは戦国時代までのことらしい。

この寺のお坊さんにまつわる伝説が、「播陽うつ、物語」に載っている。同書は、竜

©ドウノヨシノブ

野城主赤松政秀の子、了益が天正時代に語った話をまとめたもの。それによると、事件が起きたのは天文三年（一五三四）六月八日のこと。岡寺の法仙という僧侶が、友人の僧と名古山の下を通りかかった。雨が降ってきたので、傘をさしたとたん、傘ごと引き上げられ、二人は宙ぶらりんになってしまう。驚いたのは、近くの田畑にいた農民たちだ。「さても稀《まれ》なる怪事」と大騒ぎした。

まもなく二人は下に降りてきたが、道に倒れ、四時間ほども気絶していた。これは、万太郎狐という狐の仕業だったとか。このあたりには、霊力の強い狐が何匹もいたようだ。姫路城の妖怪おさかべ姫も、その正体は狐という説がまことしやかに囁かれていた。井原西鶴や平賀源内も、「於佐賀部《おさかべ》狐」の話を書いている。

MEMO
男山は姫路市山野井町に所在する。なお、山上からは箱式石棺が出土した。姫路市立町に所在する長源寺は、岡寺の後身ともいわれている。同寺は、江戸時代中期に城内長壁神社の日供御所を命じられた。そのため、明治の神仏分離によって、立町に長壁神社が鎮座することになる。

千姫と天神さん

――秀頼のたたりとの風聞

姫路市山野井町▼地図A5

池田氏に代わって姫路藩主となったのは、伊勢の桑名藩主だった本多忠政。息子の忠《ただ》刻《とき》が徳川家康の孫娘、千姫を妻に迎えた翌年の栄転だった。俗説では、落城した大坂城から祖父家康の待つ江戸城に帰る途中、桑名の渡しで千姫が美男の忠刻を見初めたとか。

さて、男山に鎮座する天満社は、元和九年（一六二三）に千姫が建立した。その前々年、嫡男幸千代がわずか三歳で早世している。その供養と新たな男子誕生を祈願して、千姫は毎日、姫路城の西の丸から男山の天満社を遙拝したと伝えられる。本尊とした天神木像は比叡山座主の作で、千姫が城内に祀っていたものだったという。その天神信仰は大坂城で育まれたものだとか。

幸千代の死は、千姫の最初の夫、大坂城で淀君とともに無念の死を遂げた豊臣秀頼のタタリだったという話をお聞きになった方も多いだろう。実際に、当時、そうした風聞があったようだ。千姫は、本多家と縁の深い、伊勢の慶光院（伊勢神宮の勧進活動を行った尼寺）に秀頼の怨霊鎮めの祈祷を依頼している。その願文には、「千姫への恨みを解いて、千姫の守護神になって欲しい」という文言が記されている。しかし、千姫の願いも空しく、夫忠刻までが三十一歳の若さで病没してしまった。

二人の夫の死から、千姫には悲劇の姫という印象が強い。しかし、姫路を去った千姫は「天樹院」として江戸へ帰還した後、竹橋御殿に住み、弟の家光はじめ代々の将軍に敬われて穏やかな日々を過ごし、七十歳の天寿を全うした。徳川家の要として生きた、千姫の後半生も忘れてはならない。

MEMO

男山は山上に男山八幡宮、中腹に天満社（千姫天満宮）、麓に水尾神社が鎮座し、姫路城主寄進の鳥居が二基残る。千姫が遙拝した旧社殿は、現在の天満社社殿の少し下に残っている。同社の絵馬は、千姫が奉納した羽子板に因む「羽子板絵馬」。

姫路の化け物屋敷

——埋蔵金告げ消えた老人

姫路市本町
▼地図A6

あるとき、一人の侍が千石で姫路藩に召し抱えられた。家禄にふさわしい屋敷を捜したが、なかなか見つからない。そんなとき、侍は、「化け物がいる」といわれて住む人のない屋敷があることを聞く。そこで、殿様に「住みたい」と願い出ると、すぐ許された。おそらく、殿様はこの侍の勇気を頼もしく思ったのだろう。

さて、侍はさっそく化け物屋敷に引っ越した。その夜のこと、書院の間で一人本を読んでいると、突然大きな音がして鬼門の方角から巨岩が転がり出た。続いて、かすかな咳払いが聞こえたかと思うと、十畳もの畳がひとりでに動き出す。たいていの人は逃げ出すだろ

うが、侍は肝のすわった男だったとみえ、「姿も見せず、騒がしい音ばかり立てるのは卑怯」と叱りつけたそうだ。

すると、やせこけた老人が姿を現し、侍の勇気を讃えてこう話した。「自分はこの家の主人だったが、黄金入りの瓶を庭に埋めたことを誰にも話せずに死んでしまった。それを知らせようと、怪しい騒ぎを起こしていた。黄金を世のために役立てて欲しい」。老人は消え、朝になって庭を掘ると、黄金がぎっしり詰まった大瓶が出てきた。侍は老人の供養をし、黄金を世のために役立てたということだ。

池田氏時代五十二万石だった姫路藩も、その後十五万石にまで減る。空き屋敷が多くできたころに生まれた怪談だろうか。千石以上の、大身の藩士が配されていたのは、姫路城の南側にある武家地、大名町で、そのあたりがこの怪談の舞台と思われる。天和三年（一六八三）、岡西惟中という京都の医者が著した、「一時随筆」に載っている話だ。

MEMO

大名町があった姫路城の南は、土産物店などが入った武家屋敷風の建物が立ち並ぶ家老屋敷跡公園となっている。同公園は、筆頭家老高須《たかす》隼人《はやと》の屋敷跡に整備された。高須隼人の禄高は三千石。千石取りの屋敷も相当広かったに違いない。

鬼石の話

——酒呑童子が石と化す

姫路市本町▼地図A7

射楯神と兵主神の二柱を祭神とする播磨国総社、射楯《いたて》兵主《ひょうず》神社は、『延喜式』の神名帳に載る古社。その境内に立ち並ぶ摂社の一つ、案内社《あないしゃ》八幡宮の近くに「鬼石」と呼ばれる自然石が置かれている。都の人々を震え上がらせた大江山の鬼の総大将、酒呑《しゅてん》童子が石と化したものだという。

大江山の鬼退治といえば、源頼光が有名だ。が、古い物語では和泉式部の再婚相手、平井（藤原）保昌が、頼光とともに朝廷から鬼退治を命じられている。『播磨鑑』は、鬼石は保昌が播磨国司だったときに退治した酒呑童子が変じた石と記す。保昌は、「丹波の悪賊」、すなわち、酒呑童子退治の成功を総社で祈願したとか。また、「鬼やらいのときの修行の石坐」だったとも記されている。「鬼やらい」は追儺《ついな》、宮中で大晦日の夜に行われた行事だ。今の節分の起源である。記録によると、大晦日の夜中、鬼石の前で総社の神官が大太鼓を打つ、「鬼太鼓」の神事が行われていた。中世には「鬼つゝミ

（鼓）」と呼ばれた大祓の神事の一コマで、神官は太鼓のバチを投げ捨て後を見ずに帰る習わしだったと伝えられる。

『播州名所巡覧図絵』には、案内社町の武家宅前に鬼石が描かれている。姫路城の北東、中堀の内側に位置する同町には、案内社八幡宮が祀られていた。鬼石も、案内社八幡宮も、明治になって総社境内に移転してきたのである。古くは「聖徳太子の腰掛け石」と呼ばれていた鬼石、「人恐れて腰掛けず」とされた背景には神聖な石としてあがめられた歴史があった。

MEMO

総社では、近年、鬼石を厄落としの場としている。厄除串で自分の体を撫で、鬼石に納めて厄を祓う。そばの弁天池に立つ「長生泉」の石碑は小野江の清水跡に江戸時代建立されたもので、やはり移転してきたもの。

©ドウノヨシノブ

血の池の由来

――修羅《しゅら》踊りで刀の血洗う

姫路市総社本町▼地図A8

射楯兵主神社は、二十年に一度の三ツ山大祭、六十年に一度の一ツ山大祭という珍しい祭礼が継承されていることでも有名だ。その西側に立つ、新しい神門の南に小さな公園がある。昭和五十一年（一九七六）、「血の池」と呼ばれていた池を埋め立ててできた総社公園だ。公園の脇には「血乃池趾」の石碑が立つ。

『播磨鑑』は、酒呑童子退治を前にした平井保昌が祈祷したところ、一晩のうちに「生ノ松原」と「神池」ができたと記す。その池は青色をしており、それは酒呑童子が滅びるという神意を示す奇瑞だったとか。実際には、血の池はこのあたりを流れていた青見川（藍染川）の川址とされる。「府中染池」とも呼ばれた総社の御手洗池だ。かつては、そのほとりで夏越の祓などが行われていた。では、神聖な池に、どうして「血の池」などという、怖ろしげな名前がついたのだろうか。

この名前は、江戸時代まで旧暦七月中旬に行われていた「修羅踊り」に由来する。大永元年（一五二一）赤松氏の命令で始まったといい、別名「刀剣踊り」ともいった。大勢の農民たちが、刀や杖などを持って踊り舞ったからだ。そのため刀傷を受ける者が続出し、血刀を洗った池が血の色に染まったから「血の池」の名が付いたとされる。公園の説明板には、刀傷を神池の水で洗うとたちまち傷が治ったため、この名が付いたという伝承が記されている。酒呑童子滅亡を予告した神の池、その水も霊験あらたかだったに違いない。修羅踊りは「修羅念仏」ともいわれており、起源は盆の念仏踊りだったと考えられている。

MEMO

「血乃池趾」の石碑は、昭和五十一年（一九七六）建立。三階建ての神門内部には、一ツ山・三ツ山大祭の資料が展示されている。総社公園と西の参道との通路には、明治・大正の一ツ山・三ツ山大祭に奉納された玉垣が立つ。

お堀の盗人たち
――野菜目当ての亀、ナマズ

姫路市元塩町▼地図A9

播磨国総社の南に、元塩町という町がある。塩蔵、あるいは塩屋があったことに由来する町名とか。江戸時代、総社の鳥居先門の南に位置した。中堀に沿って東西に延び、中央を山陽道が通っていた町だ。この町を舞台とする話が、宝暦年間（一七五一～六四）に出版された『西播怪談実記』に載っている。当時の世間話を書き留めた本で、著者・春名忠成は材木商と思われる佐用宿の富裕な商人だった。元塩町には円教寺の造営にかかわった材木商が住んでおり、そこに忠成の友人がいたらしい。

享保年間（一七一六～三六）のある夜のこと、人々が碁に興じていると、お堀端の菜園の方からガサリガサリと音が聞こえてきた。灯りを手に音がした方に行ってみると、亀たちが菜園の胡瓜を盗み食いしているではないか。人を恐れた亀たちは、あわてて堀へ逃げ込んだ。中には胡瓜をくわえたまま逃げた亀もいたそうだ。また、同じく享保年間のこと、二軒の家が堀端の菜園を分け合ってニラやネギを作っていた。ところが、そ

のうち作物がなくなるようになり、互いに相手を犯人と疑っていた。そんなある朝のこと、大ナマズが菜園でのたうち回っているのが発見される。ナマズを捕えた二人が「魚田」（串に刺し味噌を付けて焼いたもの）にして食べようと腹を割いてみると、なんと前の晩菜園に置き忘れた菜刀が出てきたではないか。作物泥棒は中堀に住む大ナマズだったとわかり、二人は仲直りした。

自家菜園作りにいそしむ姫路の町人たちや、胡瓜やニラ目当てに夜な夜な堀から現れる亀やナマズの姿を想像すると、なんとなく微笑ましい。

MEMO 鳥居先門は失われたが、その西の総社門跡は姫路市民会館側に石垣が一部残っている。元塩町には、江戸後期に町民の学校「熊川舎《ゆうせん》」がつくられた。この学校では、柳田國男の父が教鞭を執ったことがある。

姫路の皿屋敷

——お菊井戸があったのは？

姫路市本町▼地図A10

『西播怪談実記』の巻頭を飾るのは、「姫路皿屋敷の事」。姫路城に小寺氏がいた時代、主人が大切にしていた皿を一枚割ったため、下女が切り殺される。その怨霊が井戸から現れ、皿の数を読み、ついに主家を滅ぼしたという話だ。皿屋敷は今も空き屋敷として残っていると、著者の春名忠成は記している。

　読本などでは、姫路城主小寺氏のお家騒動を背景とする怪談として描かれた。お家乗っ取りを企む悪家老、青山鉄山の屋敷に、忠臣の恋人お菊が女中として入り込み、城主の命を救う活躍をする。ところが、鉄山は小寺氏を逐《お》って姫路城主の座に就いてしまう。家宝

の皿を一枚盗んだという無実の罪でお菊は殺され、井戸へ…。皿数えの亡霊となって井戸から現れたお菊を恐れて鉄山は逃げ出し、やがて悪臣たちは滅ぶ。姫路城へ帰還した小寺氏はお菊の忠義に感謝し、その霊を「菊の宮」として祀った。それが、十二所神社にあるお菊神社だという。

興味深いのは、寛政十二年（一八〇〇）成立の「六臣譚筆」。酒井家の六人の家臣がまとめたもので、それには姫路藩士の小幡《おばた》某の屋敷にお菊の墓があると記す。墓は石地蔵で、よく願いが叶うと詣でる人が多かったとか。小幡家では、吉凶の変事があるとき、その前夜にお菊が知らせてくれるといい、菊を作ってはならぬという決まりがあったそうだ。お菊の井戸は桐の馬場にあったと伝えている。『西播怪談実記』も、皿屋敷があったのは桐の馬場とする。姫路城の東側、中堀沿いにあったこの馬場が、姫路城の鬼門に位置することと関連するのだろうか。

MEMO

姫路東消防署・兵庫県立姫路東高等学校の敷地の一部が、桐の馬場に当たる。姫路城の上山里丸にある「お菊井戸」は、近代に入って命名されたもの。車門近くにあった梅雨松にお菊が縛られたとも伝えられる。名物の松だったが、江戸時代に枯れた。船場川沿いに車門跡がある。

梛寺《なぎでら》の狐

――狩人に助けられ恩返し

姫路市本町▼地図A11

お菊井戸があったという「桐の馬場」付近は、中世には「梛本」と呼ばれていた場所である。梛の大木があったことに由来する地名で、射楯兵主神社も天正時代（一五七三～一五九二）まで梛本に鎮座していた。江戸時代以前の姫路の様子が記されている「姫路古図」を見ると、その梛本に「梛寺」という寺があって、「ヲヨシ狐」と注記がある。

さて、このおよし狐、齢六百歳という大変な古狐だった。白狐だったとも伝えられる。梛寺で庫裡の角の柱が揺れるという不思議がたびたび起き、この狐の仕業と噂された。およし狐は、姫路城の鎮守として崇敬された長壁神社の祭神、刑部明神の正体ともいわれていた妖狐だ。そのおよし狐に、こんな話も伝わっている。

ある日、狩人が大蛇から狐を助けた。その帰り道、狩人は首つりをしようとしている美女に遭遇する。助けて家に連れ帰ったところ、この美女は家事をしてくれるだけでなく、獲物の居所をピタリと予言してくれた。狩人はすっかり女が気に入り、妻に迎えたいと申し出る。なぜか女は悲しげな顔になったが、何とか承知してもらい、結婚式を挙げた。ところが、翌朝花嫁の綿帽子を取った狩人は驚く。なんと、まったくの別人ではないか。花嫁は隣村の庄屋の娘で、気の染まぬ結婚をするところだったが、見知らぬ女が現れてここへ導いてくれたと話した。その後、夫婦は末永く幸せに暮らしたという。

いささか込み入った狐女房伝説だが、狩人が助けたのは実はおよし狐だった。およし狐がその霊力を存分に発揮して恩返ししたのだと伝えられている。

MEMO

椰寺は十五世紀半ばに善導寺と改名、池田輝政によって坂田町に移された。「飾磨薬師」として知られる薬師如来座像は鎌倉時代の作で、市指定文化財。境内には、十四世紀の笠塔婆が残されている。

清盛ゆかりの子安地蔵
——高僧頼豪《らいごう》の安置仏説も

姫路市本町▼地図A12

善導寺が椰寺だった時代、その南に願入寺という寺があった。「願い入る誓いあらたにいましますナ安の寺の仏たのもし」という和歌が、その名の由来とされる。江戸時代以前は「宿分院」と呼ばれていた寺で、池田輝政のときに坂田町に移った。

この寺が「子安の寺」と歌われたのは、本尊の地蔵菩薩が安産祈願に霊験あらたかだったためだ。平安時代、高倉天皇が中宮である建礼門院の安産を祈願して地蔵尊を彫らせ、日本中の国に一体ずつ、つまり、計六十六体を奉納した。願入寺の地蔵尊はその地蔵尊の一つだったといい、木造の地蔵菩薩だったと伝えられている。建礼門院は、ご存じの通り平清盛の愛娘、徳子である。つまり、地蔵の功徳で生まれたのが安徳天皇というわけだ。

地蔵尊は一国に一体ずつ配られたはずだが、なぜか同じ播磨の長楽寺（加古川市志方町）にも安徳天皇ゆかりの子安地蔵が伝来する。同寺では、高倉天皇が丹波老の坂の地蔵に祈願すると難産だった建礼門院がたちまち安徳天皇を無事に出産、そこで清盛に命じて六十六ヵ国に地蔵尊を安置したと伝えている。こちらの木像地蔵半跏像は、国の重要文化財。願入寺の子安地蔵は、残念ながら昭和二十年の戦災で失われた。

なお、『播磨鑑』は、願入寺の地蔵菩薩は三井寺（大津市）の頼豪阿闍梨《あじゃり》の安置仏で、白河天皇の皇子誕生に力を発揮した霊仏という別伝を記し、清盛伝説に「?」を付けている。頼豪は平安時代に実在した高僧だが、祈祷によって宿願を果たそうとしたが果たせず、恨み死にして妖怪「鉄鼠《てっそ》」になったという伝説がある。

MEMO 願入寺は戦災で焼け、河間町《こばさま》の誓光寺に移った。同寺に願入寺にあった石棺仏の地蔵菩薩が安置されている。貞治二年（一三六三）の銘を持つ。この石地蔵が、娘のために清盛が安置した地蔵尊ともいう。

大法寺の鰐口

——鳴りだして盗人を撃退

姫路市五軒邸《ごけんやしき》▼地図A13

城下町には寺院を一カ所に集中した地域があり、「寺町」という町名が残るところも少なくない。姫路の寺町筋も、その一つだ。寺町筋の南端、五軒邸一丁目にあるのが、妙光山大法寺。永禄年中（一五五八〜一五七〇）の草創で、はじめ妙光寺といった。いったん衰退した後、京都の妙顕寺の僧が信心深い地元の人とともに再興した。妙光山大法徳寺と号したが、一文字略して大法寺となったという。後には、霊力のある日悟上人という僧が住み、千姫も信奉して守り刀を与えたと伝えられる。

『播磨鑑』には、この寺の鰐口にまつわる不思議な話が載っている。鰐口は半分黄金

を混ぜて作ったもので、澄んだいい音で鳴ったそうだ。鰐口には「但馬国朝来郡法宝寺金堂応永二十一年癸巳」と刻まれていた。法宝寺は、行基開基とされる和田山の真言宗寺院だ。大法寺の諸仏を彫った白国入道浄祐という人がこの鰐口を買い求め、大法寺に寄進したとされている。

ある夜のこと、盗人がこの鰐口目当てに寺に忍び込んだ。ところが、鰐口を盗もうとしたとたん、鰐口がひとりでに鳴りだした。しかも、その音は「住持、住持」と聞こえた。その不思議な音というか声で、住職は目を覚ます。あわてて駆けつけると、盗人は逃げ去った後だった。が、鰐口の下に小さな梯子が残され、小さな脇差しまで落ちていたとか。盗人は、鰐口の叫び声によほど肝をつぶしたに違いない。

なお、大法寺はもとは桜町（大手門前にあった武家地）にあり、池田輝政のときに現在地に移された。

MEMO 寺町筋は、東部中堀の東に位置する。大法寺・善導寺のほか、貞和四年（一三四八）の年紀を持つ板碑（県指定文化財）がある正明寺、正法寺、妙法寺、妙立寺などが並ぶ。正明寺はもと姫道山称名寺といい、姫山にあった。

禁じられた謡曲

――タブー破ると骨と皮の女が…

姫路市五軒邸▼地図A14

寺町筋には怪談が似合うのだろうか。外京口門近くにあった桜谷寺《ようこく》の住職が幽霊に遭遇した話が、『西播怪談実記』に載っている。そして、酒井家の家臣が著した「六臣譚筆」に記されているのが、下寺町を舞台とする怪談だ。なお、桜谷寺は今はない。

さて、下寺町のある武家屋敷に、不思議な言い伝えがあった。「夜更けにこの屋敷の前を『杜若《かきつばた》』を謡いながら通ってはならぬ」というのである。杜若は『伊勢物語』を素材とする謡曲で、舞台は三河の国八橋（愛知県知立市）。杜若の花に見とれる旅の僧の前に女が現れ、在原業平が歌を詠んだ地であることを教えてくれる。実は彼女は杜若の精であったという物語だ。

あるとき、血気盛んな二人の侍がこのタブーに挑戦した。夜、この屋敷の前で「杜若」を謡ったのである。その途端、怪しい風が吹き始めた。それでも、二人の侍は謡い続けたそうだ。すると、後ろから「杜若」を謡う女の声が聞こえてきた。振り向くと、黒髪を振り乱し、青い顔をした骨と皮ばかりの女が立っているではないか。そして、こう言った。「昔より禁じられているのに、なぜ謡うのか。ただでは通さぬ、思い知れ」。

二人が刀を抜いて女に斬りかかると、女の姿はかき消えて霧が立ちこめ、あたりは暗闇に包まれる。侍たちは、闇の中で、やみくもに刀を振り回した。四時間ばかり経って、彼らがようやく正気に戻ると、刀はササラのようになっていた。今もこの屋敷の前で「杜若」を謡うことは禁じられていると、話は結ばれている。はたして、この妖女はこの謡曲にどんな怨念を抱いていたのだろうか。

MEMO

松江市の普門院にも「杜若」の怪談があり、小泉八雲が取り上げている。同寺に女の幽霊が小豆を洗うという「小豆とぎ橋」があり、その橋で禁じられていたこの謡曲を謡った侍の身に不幸が起きたという。今、橋はない。

餅売り地蔵
——飢餓に苦しむ民を救う

姫路市北条口▼地図A15

江戸時代、姫路城の外曲輪に位置する町人町、中魚町に印南山幡念《ばんねん》寺という寺があった。中魚町は今の北条口に当たる。同寺は慶長六年（一六〇一）に建立された浄土宗寺院で、開基は三河吉田（愛知県）の悟真寺の寂誉上人。同寺は池田輝政が吉田からこの地に移転させたといい、その跡地は吉田城三の丸になったという。吉田三ヵ寺の一つである。幡念寺は第二次世界大戦で戦災に遭い、その後再建された。そのため、本尊の阿弥陀如来、脇侍の観音菩薩や地蔵菩薩も全て新しい。

『播磨鑑』には、以前の本尊は春日作、観音は慈覚大師、つまり、天台宗の大成者円《えん》

仁《にん》の作と記されている。春日という仏師は各地に名前が残っており、奈良の春日信仰と関連があるらしい。そして、ここで取り上げる伝説の主人公、地蔵菩薩の作者は安阿弥、すなわち、有名な仏師快慶とされている。「丈《たけ》四尺」というから、一メートル余りのさほど大きくない仏様だが、次のような伝説があった。

昔、播磨の国が大飢饉に襲われ国中の人が飢えに苦しんでいたとき、山林の中からお地蔵様が現れた。そして、人々に餅を与えた。その餅によって命をつないだ人々は、この霊験あらたかなお地蔵様を「餅売り地蔵」と呼んだ。お地蔵様は餅を与えたのだから、「売る」という表現は当たらないのではないか。そんな疑問が湧くが、ともかく餅を配り終えたお地蔵様は山中に帰って行かれた。その後も長く山中におられたが、あるとき、不思議なお告げがあって幡念寺にお迎えし祀ることになったと、『播磨鑑』は記す。お地蔵様の餅は、どんな味がしたのだろうか。

MEMO 幡念寺は姫路市北条口にある。浄土宗寺院で、本尊は阿弥陀如来。北条口は姫路城の城門、北条口門に由来する地名で、昭和五十六年（一九八一）、幡念寺のあった中魚町のほか伽屋町、和泉町、茶町などを合併してできた。

十二本のヨモギ

——葉でなでると病が治る

姫路市十二所前町▼地図A16

外曲輪の南西の隅、姫路城の裏鬼門に当たる位置に祀られているのが、十二所神社だ。『播磨鑑』には、「飾磨口御門ノ内西ノ角」と記されている。船場川と外堀との合流点にあったため、水量が多く、滝のようになっていたという。そのため、戦前まで水を好む藤が美しく咲き乱れ、藤の名所として全国的に有名だった。この十二所神社、そもそもは現在の南畝町に祀られたと伝えられる。社伝に記されているのは、こんな物語だ。

醍醐天皇の時代、延長六年（九二八）のこと。南畝《のうねん》の岡にあった森に、一夜にして十二本のヨモギが生えた。ただのヨモギではない。高さ二丈余り、つまり六メートル余りもあるヨモギが林立したのである。里人たちが大騒ぎしていると、突然その巨大ヨモギの下に一人の美童が出現した。美童は「少彦名の神《すくなひこな》」と名乗り、「早くこの地に自分を祀れ。病に伏している者も、このヨモギの葉で体をなでれば必ず病が治る」と告げる。里人たちは社を建立し、十二本のヨモギに因んで十二本の幣帛《へいはく》を奉納した。そして、ヨモギで体をなでると疫病は治まったそうだ。

南畝の岡とは南畝村の西にある岡の森で、「大将軍の地」だと記されている。安元元年（一一七五）九月九日、現在地に移り、跡地には大将軍社が祀られた。お旅所として、今も秋祭りに神輿が渡御する。瘧《おこり》（熱病の一種）にかかった人が十二所神社の境内の石を身につけ、ヨモギの葉で灸をすえれば治るという信仰もあったとか。「皿屋敷物語」の中で、お菊さんが城主の病気平癒を祈って同社に日参するのも、医薬の神として名高かったためだろう。江戸時代、姫路藩主の崇敬も厚かった。

MEMO 十二所神社は、境内にお菊神社があることで知られる。同社は古くは「三菊大明神」といい、「お菊虫」と呼ばれたジャコウアゲハの蛹をお守りとして頒布していた。五月にお菊祭りがあり、毎月、お菊楽《きらく》市が開かれている。

佐野源左衛門の墓
――謡曲「鉢の木」の主人公

姫路市野里▼地図A17

野里に、天竺《てんじく》（インド）生まれの法道仙人が建立し、鎌倉幕府の五代目執権、北条時頼が諸国行脚の旅の途中に立ち寄り、衰退していた寺を再興したという伝説を持つ真言宗寺院がある。大日山最明寺だ。寺号は、時頼の出家名「最明寺入道」に由来する。最明寺は大日一帯にいくつもの塔頭が立ち並び、隆盛を誇っていたそうだ。

さて、その最明寺の近くに鎮座する大歳神社は、神仏混淆の時代、寺の鎮守だった。広い境内を持つ神社で、摂社として長壁神社が祀られている。この大歳神社の境内に隣接して小さな墓地があり、その一隅に「佐野源左衛門の墓」と伝えられる石塔が立つ。佐野源左衛門とは、だれか？　入口に膾炙した謡曲「鉢の木」の主人公、佐野常世《つねよ》のことだ。時頼の廻国伝説の中でも、もっとも有名な話といっていいだろう。

ある雪の夜、上野国の貧しい武士常世は旅の僧を泊めたが、ろくに食物もなく、囲炉裏にくべる薪すらない。何とか暖を取ってもらおうと、常世は秘蔵の盆栽を割って薪にした。一族に領地を横領された身の上を語った後、常世は鎌倉幕府の一大事にはきっと駆けつけると御家人としての心意気を僧に語る。僧が去ってまもなくのこと、幕府から緊急動員がかかり、常世はやせ馬にまたがって馳せ参じた。常世が鎌倉で再会した旅の僧こそ執権の時頼で、常世は旧領ばかりか新しい領地も得たという話だ。

伝説によれば、常世は播磨に領地を賜り、そこで亡くなった。最明寺、大歳神社あたりがその領地で、墓地の石塔に刻まれている二人の戒名は常世夫妻のものなのだとか。各地に残る時頼廻国伝承の一つといえるだろう。

MEMO 最明寺は法道仙人開基の伝承を持つ。戦災によって本堂は全焼、貴重な文化財も失われた。現在の本堂は、塔頭だった薬王院の建物。境内に十王堂、江戸時代の刑場だった大日川原にあった修因地蔵などがある。

お夏・清十郎の比翼塚

——悲恋物語の真実いかに

姫路市野里寺前町▼地図A18

貞享三年（一六八六）に上梓された、井原西鶴の『好色五人女』。その冒頭を飾るのが「姿姫路清十郎物語」、姫路で実際に起きた事件をもとに西鶴が脚色して書いたとされる。その半世紀後には、近松門左衛門も人形浄瑠璃「おなつ清十郎五十年忌歌念仏」を書いた。

姫路藩士が書いた「村翁夜話集」には、姫路に伝わる事件の顛末が記されている。本町の札の辻に、但馬屋という商家があった。この但馬屋に手代として奉公していたのが、室津出身の清十郎。ところが、店をやめさせられ、西紺屋町に借家住まいする身となってし

まう。清十郎は恨みを晴らそうと刃物を手に入れ、知人が何度も説得したにもかかわらず、万治二年（一六五九）六月、ついに主人の九左衛門に切りつけるという刃傷沙汰に及ぶ。やがて捕まった清十郎は船場川の下流、一枚橋の東の川原で打ち首となった。

また、清十郎の墓が野里慶雲寺の末寺、久昌庵にあるが、松の木を目印とする塚であること、久昌庵は清十郎をかくまったため閉門になったことも記されている。注目されるのは、「おなつは小豆島へ縁に付」いたという記述だ。事件があったために遠方に嫁に出された、そんな印象を受ける。清十郎が店を追い出された経緯は書かれていないが、お夏と関わりのあったことは容易に想像がつく。芝居となり、舞踊となり、人々の涙を誘った悲恋物語の真相は、どんなものだったのだろうか。

野里寺町の慶雲寺にある「比翼塚」は、お夏・清十郎の墓として親しまれている。二基の石塔は明治初年に廃寺となった久昌庵から、同じく慶雲寺末寺だった光正寺へ移され、昭和二十六年（一九五一）に慶雲寺に安置された。

MEMO

久昌庵跡は慶雲寺の駐車場、光正寺は慶雲寺の観音堂となっている。光正寺の玉垣には幕末、明治に活躍した歌舞伎役者の名前が刻まれている。毎年八月九日、慶雲寺を中心にお夏・清十郎祭りが行われている。同寺は臨済宗妙心寺派、池田輝政夫人が観音像を寄進したと伝えられる。

掘り出された砥石

――『播磨国風土記』に登場

姫路市砥堀▼地図A19

かつての野里村は、古代は大野郷に属していた。『播磨国風土記』の飾磨《しかま》郡大野里を継承した郷で、この里に今も残る地名「砥堀」の由来が載っている。

神功皇后の息子、応神天皇の時代、神前《かんざき》郡と飾磨郡の境に道を造った。大川の岸というから、市川沿いにその道は造られたのだろう。このとき、「砥」、つまり、砥石が掘り出された。そこでその地を砥堀と名付けた。今もそういう石が掘り出されると、風土記に記されている。

実は、風土記にはもう一カ所、砥堀という地名にまつわる話が載っている。それが、神前郡蔭山《かげやま》里の条だ。応神天皇が「御蔭《みかげ》」、冠を落としたのが里名の由来だが、そのときのことだろう。天皇はこのあたりを巡り歩いたとき、道に生えた草を刀で切り払いつつ進んで行った。そのため刀の刃が鈍ってしまったので、天皇は「砥、布理許《ほりこ》」と命じた。「刀の刃を研ぐための砥石を、そのあたりで掘り出して持ってきなさい」という命令だ。そこで、村の名が「布理許」、砥堀になったのだとか。
飾磨郡大野里の話と神前郡蔭山里の話は、同じ場所の地名由来と考えられている。砥堀村は後白河法皇が立券した蔭山庄に属しており、昭和八年（一九三三）まで同村は神崎郡に属していた。石器時代から使われてきた砥石は日本各地で産出したが、今も掘られている所はごくわずかだ。兵庫県で有名なのは但馬砥石だが、古い時代には砥堀村付近でも砥石にするような石が取れていたに違いない。砥堀村では戦国時代に合戦があり、鋳物師として知られる野里村の芥田氏が活躍した記録が残っている。

MEMO 旧野里街道（野里商店街）沿いの鍛冶町に、芥田家がある。『播州名所巡覧図絵』にも「芥田故家」と紹介されている旧家だ。その北の大野町には、鋳物屋を営んでいた大野家住宅が残っており、姫路市都市景観重建築物指定。

行基とすりばち池
――薬師如来七体刻む

姫路市伊伝居《いでい》▼地図A20

野里村の北西に、伊伝居村という村があった。今も、伊伝居の地名が残っている。古くは、「井出村」、あるいは「出井村」といった。『播磨鑑』によれば、「水湧シ故」名付けられた村名だとか。同書には、同村にまつわる伝説がいくつか記録されている。その一つに、井出村にあった「すりばち池」と呼ばれる池の話がある。

昔、一人の僧が、この池のほとりにあった大木の下で「七仏薬師」、七体の薬師如来像を刻んだ。その僧とは、奈良時代、民衆の間に入って仏教を広め、池を造り、橋を架け、今でいう公共工事に大いに力量を発揮した名僧行基だった。『播州名所巡覧図絵』には、聖武天皇の御代、天平七年（七三五）に行基僧正が増位山麓の出井村に泊まったとき、薬師仏が現れたので、この霊験を朝廷に報告し自ら刻んだ薬師三尊や十二神将の像をお堂に祀ったと記されている。

また、一説によれば、天平十二年（七四〇）八月、播磨の国を遊行していた行基は出

井村で一晩泊まったという。すると、その夜、村はずれの小さな池に、青い蓮の花が七本生え出た。そればかりか、池のほとりに立つ大木が、夜な夜な光り輝く。行基は不思議に思ってその木を伐り、薬師如来の像を七体彫り上げたとか。本尊となる仏像を刻むにふさわしい霊木、そう判断したのだろう。池の名前は伝えられていないが、七体薬師の話からすれば、すりばち池に違いない。この池は字清水田、現在の姫路工業高等学校のあたりにあったとされる。姫路市白国にある古刹、増位山随願寺の起源を伝える地元の伝説だ。

MEMO

随願寺の前身となる、行基ゆかりの寺は「増位寺」といったと伝わる。同寺が伊伝居にあったという伝承から、近年、城北公民館（姫路市伊伝居）に隣接する城北第二公園に記念の石碑が建立された。

アショカ王の仏塔
――増位山に仏塔が飛来

姫路市白国▼地図A21

名僧行基の伝説がその麓に残る増位山随願寺、同寺はもと法相宗の寺院だった。後に天台宗となり、「播磨六ヶ寺」の一つとして大いに栄えた。鎌倉時代の寺記によれば、聖徳太子が恵便《えべん》に命じて創建した寺で、行基は中興の祖となっている。恵便は太子に仏教を教えたという、高句麗《こうくり》の国から渡来した高僧だ。増位山に行基が諸堂を建てたのは、天平年間（七二九〜四九）のことだとされる。

さて、聖徳太子が寺院を建立しようと決心した増位山は、「仏舎利《ぶっしゃり》飛来の霊山」だという。仏舎利、つまり、お釈迦様の遺骨が飛んできた場所だというのだ。室町時代に書かれた『峰相記《みねあいき》』では、行基が夢で薬師如来のお告げを受けるのだが、増位山は「阿育《アショカ》王所造ノ八万四千基」のうち日本にある二基の石塔の一つが埋まっている霊地だとされている。アショカ王は古代インドにあって仏教を守護したことで知られ、仏教興隆のため仏舎利を納めた仏塔を世界中に撒いたという伝説を持つ。仏塔の数は八万四千というから、スケールが大きい。

さて、『峰相記』は、日本にある二基のうちの一つは江州にあると記す。アショカ王の仏塔伝説で有名な、滋賀県東近江市の阿育山石塔寺のことだろう。同寺は天台宗寺院で、やはり聖徳太子を開基とし、渡来人が建立したとされる三重石塔が残っている。薬師如来は、残る一基が増位山の地中に埋まっている、この地は「善所」だから早く伽藍を建てよと行基に告げたそうだ。

随願寺に伝えられたアショカ王伝説も、播磨における仏教の歴史を考える上での貴重な資料といえるだろう。

MEMO
増位山随願寺は姫路市白国、増位山の西南に所在する。国の重要文化財、毘沙門天立像、県指定文化財の薬師如来座像（いずれも平安時代）などが伝えられており、境内には本堂再建にかかわった姫路城主榊原氏の墓所がある。

有明の峰

――業平、西行が和歌に詠む

姫路市白国▼地図A22

姫路市砥堀から増位山へ登っていく、「糸の細道」と名づけられた道がある。古くから「有明の峰」として知られた、標高二五九メートルの増位山山頂に至る道だ。随願寺、廣峯神社への道でもあり、今はハイキングコースとして多くの人に親しまれている。

『播磨鑑』によれば、この峰に「二社高宮」が祀られていた。二社とは伊勢の内宮と外宮、つまり、伊勢両宮のことで、二社高宮は「砥堀風早高宮」とも呼ばれていたそうだ。「増位寺」、すなわち、増位山随願寺の鎮守として祀られたものらしい。霊験あらたかだったというこの神社は、後に播磨国総社に移された。

さて、平安時代の初めのこと、三十六歌仙の一人、在原業平《ありわらのなりひら》が、勅使として増位山を訪れたと伝えられている。そして、この有明の峰に遊び、「播磨路や糸の細道わけゆけば砥堀に見ゆる有明の月」という歌を詠んだ。この業平の歌から、糸の細道という優雅な道の名前が生まれたのだとか。

また、建久四年（一一九三）には、時代を超えて多くの追慕者を生み続けている歌僧、西行法師がこの峰に登ったとされる。西行は「天照らす神さへここに有明の月もさやけき秋の夜の空」という歌を詠んだ。旅の僧西行の伝説は各地に残っているが、播磨ではなぜかあまり見当たらない。貴重な伝承地だ。

今も増位山の頂に立つと、眼下に姫路の市街を望むことができる。さまざまな説話、伝承が語られている業平と西行。有明の峰の風情とそこからの素晴らしい眺望が、たぐいまれな二人の歌人が歌を詠んだに違いないと人々に信じさせたのだろう。

MEMO　増位山の東尾根ハイキングコースを登ると、山頂展望台に近年建立された業平と西行の歌碑が立つ。その先に石室の石組みが残る古墳展望台、また、登り口近くに芭蕉ゆかりの風羅堂跡などの史蹟がある。

安産の神様
——「白国で守護」告げる

姫路市白国▼地図A23

増位山の麓、白国地区は、『播磨国風土記』に登場する。枚野《ひらの》里の「新羅訓《しらくに》村」に当たる。新羅《しらぎ》の人が住んだことから名付けられたという。ここに祀られているのが、「播磨四宮」とされる白国神社。『延喜式』の神名帳に載る古社で、安産の神様として有名だ。その由緒は、次のように伝えられている。

景行天皇の皇子、稲背《いなせ》入彦《いりひこ》命に、阿曽《あそ》武《たける》命という孫がいた。武勇に優れ、神功皇后の軍でも活躍したと伝えられる。阿曽武命は、この白国の地に居を構えた。さて、その妻は高富媛《ひめ》といったが、大変な難産となってしまう。妻の苦しみを救おうと、命は近くの庫

（暗）谷山の峯に登り、白幣《はくへい》を立てお供えをして祈る。このとき、彼が頼った神様が神吾田津日賣《かんあだつひめ》だった。別名は木花咲耶媛命《このはなさくやひめ》、美人と評判の女神だ。この女神には、炎の中で無事に子どもを出産したエピソードがあった。

女神は愛妻家の阿曽武命の前に姿を現わし、「願いを聞き届けよう」と言い、「白国の地に留まって、女性たちのお産を守護しよう」と約束する。その言葉が終わるやいなや白幣が空高く舞い上がり、それと同時に女神の姿は北の峰に消えた。命が家へ帰ってみると、元気な男の赤ちゃんが生まれているではないか。喜んだ阿曽武命は、山麓に女神を祀る神社を建てた。これが、白国神社の起こりだとか。

その後日談、といえるかどうか、『峰相記』には鳥羽上皇の時代、都に播磨の白国神が出現した話が載っている。女性の唐人姿で現れた神は、上皇に神田が役人に押領されたことを直訴したそうだ。

MEMO
白国神社は、姫路市白国に鎮座。木花咲耶媛命の他、稲背入彦命、阿曽武命を祭神とする。安産祈願に訪れる人が多く、岩田帯のお祓いも行っている。近くに、稲背入彦命の曾孫、阿良津《あらつ》命を祭神とする佐伯神社がある。

子どもを助けた亀

――海から生還、のち高僧に

姫路市白国▼地図A24

白国神社の南西に、弁天池という池がある。池の中の小島に祀られた弁天社が、その名の由来だ。島は「弁天島」と呼ばれているが、別名「堂の址」とも称した。それは、奈良時代、この辺りに「亀井寺」という寺があり、島はその塔の跡だと言い伝えられていたためだ。亀井寺の由緒は、『峰相記』に次のように記されている。

山蔭《やまかげ》中納言という人が、任務で筑紫に下ることになった。幼い一人息子があったが、その生母は亡くなって継母が育てていた。さて、遠い筑紫の地に船で向かっていたとき、継母が誤って息子を海に落としてしまう。ただし、息子はいわゆる継子であり、話の雰囲気では過失というより故意の事故のようだ。

ところが、嘆き悲しむ山蔭の前に一匹の大亀が浮かび上がる。見ると、その背に海に沈んだはずの息子が乗っているではないか。山蔭は大いに喜び、その海辺の北に寺を建立した。これが白国山の麓にある亀井寺で、山蔭が後に訪れて寺名を付けたという。息子は出家して高僧となり、「智恵高貴ノ僧」と尊敬されたそうだ。亀の奇瑞によって建立された寺だったからだろう、「火災の後に再建した寺の瓦には亀の紋が入っていた」とも記している。

実は、この説話と大変よく似た話が、西国三十三ヶ所の札所の縁起として知られている。その寺は二十二番札所、茨木市にある総持寺だ。同寺は平安時代に実在した藤原山蔭によって創建されたという。山蔭は晩年その地位にあったことから、山蔭中納言と呼ばれることが多い。総持寺の本尊は、亀の背に乗る観音像である。総持寺の伝承が、西国巡礼の道沿いに播磨へと伝わってきたのだろうか。

MEMO

弁天島からは古瓦が出土しており、古代寺院の塔礎跡と伝えられている。「白国廃寺跡」という標柱が池の畔に立つが、発掘調査は行われていない。年一回、弁天社の祭りが執り行われている。

小鷹《こだか》長者

――名産「かちん染め」生む？

姫路市峰南町・北平野▼地図A25

『播磨鑑』の飾東郡「名所旧跡並和歌」の中に、「餝間《しかま》（飾磨）のかち染」という項目がある。登場するのは、増位山の麓に屋敷を構える、「小鷹」という長者だ。父は、福井庄の領主の家司だった。同庄は、姫路市南西部および太子町の一部が荘域とされる。山城の神護寺領で、怪僧文覚とのかかわりが知られている。

家司の息子は十八歳のとき、稲冨寺《いなとみ》（今は円融寺、たつの市御津町）に修行に入った。が、学問は性に合わなかったらしい。大変な乱暴者で寺を飛び出し、放浪の末に白国に落ち着き、小鷹長者と呼ばれるようになった。この長者、近くの小高い塚、「人見塚」で街

©ドウノヨシノブ

道を通る旅人を見張り、これはと目を付けると呼び止める。そして、多くの女を置いている屋敷に招き、酒食を振る舞い、石の枕で寝かせたそうだ。

旅人がぐっすり寝込んだ真夜中、「上から重しを掛け」というから、おそらく寝ている旅人の頭の上に天井から大きな石を落としたのだろう。そうやって旅人を殺すと、その血を絞って染め物をしたとか。これが姫路の名産「しかま(飾磨)のかちん染」だと、『播磨鑑』は記している。この血なまぐさい話には、さらに続きがある。旅人を殺して金品を奪う悪行を重ねていた小鷹長者には娘がいて、美男の旅人を助けようとした。ところが、長者によって娘は姫山で、旅人は男山で殺されてしまう。それが二つの山の名の由来だと伝えられている。なお、小鷹長者は近在の人々から恐れられ、傍若無人な振る舞いを重ねて、百二歳まで生きたそうだ。

MEMO 人見塚は円墳で、明治時代に発掘され家形埴輪などが出土した。近くにあった長者屋敷跡も古墳とされるが、いずれも陸軍の兵営建設で消滅している。「飾磨のかち染」は平安時代から知られる藍染めだが中世末にすたれ、江戸時代、河合寸翁《かわいすんのう》が再現を試みた。

吉備真備《きびのまきび》と牛頭天王《ごずてんのう》
——廣峯《ひろみね》神社創建の由来は

姫路市広嶺山▼地図A26

『峰相記』は、廣峯神社について、播磨の国の人だけでなく他国の人々も足を運んでお参りする様子は「熊野の御嶽にもおとらず」と記している。熊野の御嶽とは、世界遺産に認定された熊野三山のこと。「蟻の熊野詣」という言葉は有名だが、その熊野と変わらぬほどに廣峯神社へ参詣する人の数は多かったというのだ。同社の創建に深く関わる人物が、奈良時代に活躍した貴族、吉備真備である。『峰相記』の伝承を紹介しよう。

天平五年（七三三）、唐より帰国した真備は広峰山の麓で一泊したという。史実では、二度唐へ渡った真備が最初に帰国したのは同七年のことである。さて、山麓で一夜を過ごした真備は、不思議な夢を見た。「貴人」が現れて、「古丹《こたん》ガ家ヲ追出サレ、蘇民《そみん》ガ為ニ助ラレ」た後、各地をさまよっていることを嘆いたのだ。古丹は、蘇民将来伝説に登場する「巨旦《こたん》将来」を指す。この伝説は、各地の神社で行われる「茅《ち》の輪くぐり」の由来として知られている。旅をしていた「武塔《むとう》神」は巨旦将来に泊めてもらおうとするが、

断られてしまう。弟の蘇民将来に宿を求めると、快く泊めてくれた。喜んだ神は、疫病を流行させるからそれを免がれる目印として茅の輪を付けよと蘇民に教えた。その後に起きた疫病の流行で巨旦一族は滅び、蘇民一族は生き残って栄えたという話だ。

『峰相記』では神は安住の地を得られずにおり、真備が広峰山に祀ったとされる。その神は疫病除けの神として厚く信仰された牛頭天王で、平安京を造ったとき、この神を守護神として京都の祇園に勧請したという。つまり、廣峯神社こそ、京都の祇園社、現在の八坂神社の本社なのだと説く。廣峯神社が、「元祇園」と称される所以だ。

MEMO 廣峯神社は、広峰山山頂に鎮座する。本殿は室町時代の建立で、拝殿とともに国の重要文化財。『梁塵《りょうじん》秘《ひ》抄《しょう》』には軍神として登場する。後には農業の神として広く信仰された。現在、四月に御田植祭・穂揃式が行われている。

おさかべ姫異聞

——正体は「地養社《じよう》」の社人

姫路市広嶺山▼地図A27

　廣峯神社に、前述した疫病除けの神、蘇民将来を祭神として祀る境内社がある。「地養社」という小社だ。現在の社殿は、貞享四年（一六八七）の建立とされる。この境内社について、『播磨鑑』に面白い伝承が載っている。

　姫路城の妖怪「おさかべ姫」の正体が、実はこの地養社の社人だというのだ。社人の名は、小林小刑部《おさかべ》職右。天文年中（一五三二～五五）、地養社を修復することになった。その費用を集めるため、社人の小刑部は国中を勧進して歩いた。秀吉の軍師、黒田官兵衛が姫路城で生まれたのが天文十五年（一五四六）のこと、史実では小寺（黒田）職隆、官兵衛の父親が御着城主小寺政職から姫路城を任されていた時代に当たる。

『播磨鑑』によると、小刑部は姫山の上にあった称名寺で、姫路城主の小寺氏と双六をしたという。姫路を領する小寺氏に勧進、つまり、社殿修理のための寄付をしてもらおうと城を訪れたに違いない。ところが、その勝負を巡って口論となった。ついには斬り合いとなり、小刑部は無念の死を遂げる。その上、小寺氏も宿所で切腹したと記されている。ところが、小刑部の亡骸を称名寺に葬ったものの、その亡魂は白狐となり人々を悩ませた。徳川の世となり、姫山には池田輝政が新たに城を築いたが、なお小刑部の亡魂は人をたぶらかし続けたそうだ。そこで、輝政は城内に「八天堂」を建立し、この地養社の社人を祀ったのだとか。八天堂は、江戸時代、長壁神社とともに姫路城の鬼門に祀られていた宗教施設だ。

その後も小刑部は女人の姿に化して人に会ったとも記されており、疫神《えきじん》である蘇民将来の社と妖怪おさかべ姫の結びつきは大変興味深い。

MEMO 廣峯神社では、六月三十日の「夏越の祓」の茅の輪くぐり神事の後、参拝者とともに地養社に神官が参拝する。称名寺は赤松貞範《さだのり》が山下に移し、池田輝政が今の五軒邸の地を与えた。現在の寺名は正明寺。

御所の清水
――後醍醐天皇がのど潤す

姫路市梅ヶ谷町▼地図A28

赤松義村が選定したという播磨の名水ベストテン、「播磨十水」をご存じだろうか。播磨・備前・美作三カ国の守護を務めた義村は、重臣浦上氏によって室津で暗殺された悲劇の武将でもある。辞世の歌は、「立よりて影もうつさし流ては浮世を出る谷川の水」。最期も谷川の水に思いを寄せているのを見ると、よほど水には思い入れがあったらしい。

『播磨鑑』は、播磨十水として、小野江清水・岡田苔清水・篠井清水・花垣清水・小柳清水・御所清水・野中清水・井ノ口清水・落葉清水・桜井清水を挙げる。十水には所在地が諸説あるもの、所在がわからなくなったものもあるが、今も健在な清水の一つが御所の清水だ。「梅ヶ谷地蔵」の境内に湧いており、その傍らには明治四十五年（一九一二）に播磨史談会が建立した石碑が立っている。

元弘三年（一三三三）、後醍醐天皇は配流先の隠岐島から還幸するとき、書写山円教寺に参詣した。言い伝えによれば、その途中この地に輿を止め、天皇は湧き出る清水で喉を潤し、水の風味を賞賛した。天皇が休んだ場所であることから、御所の清水と名付けられたとか。また、天皇が輿を止めた場所、「輿所」が御所に転訛したという説もあった。梅ヶ谷地蔵の休み所に掲げられた由緒書には、付近の人が末期の水としてこの水を求め、口に含むと「甘露甘露」と穏やかな表情を浮かべるという話や、京都や大阪からも茶人がこの名水を求めに来た話が記されている。この清水はどんな日照りでも涸れず、また、どんな大雨が降っても溢れることがないというから、古来より霊泉として大切にされてきたに違いない。

MEMO

御所の清水は、姫路市梅ヶ谷町に所在する。近年まで飲用が可能だった。梅ヶ谷地蔵は、中央に延命地蔵、左右に子安地蔵、知恵地蔵を安置している。「悲願成就の地蔵」として、今もお参りの人が絶えない。

霊応山昌楽寺《しょうらく》

——花山法皇が二度車止める

姫路市東今宿▼地図A29

西国巡礼の始祖と伝えられる花山法皇は、寛和二年（九八六）と長保四年（一〇〇二）、書写山へ二度参詣している。花山法皇は説話や伝承に彩られた法皇だが、姫路市田寺にある「六本」という字名の由来もその一つだ。古くは「六本松」といい、書写山に参詣した法皇は六本松の下で休息したとされる。明治のころまで松の株が残っていたそうだ。後醍醐天皇も書写山に参詣するとき、ここに「御薗《みその》」を構えたとか。

さて、二度の行幸とも花山法皇が輿を止めたとされる寺がある。霊応山昌楽寺という天台宗寺院だ。同寺は円教寺の性空上人に帰依した、巨智《こち》大夫延昌が建立したという。巨智氏は、『播磨国風土記』の飾磨郡巨智里に登場する氏族だ。延昌は、性空上人の隠居寺として知られる通宝山弥勒寺（姫路市夢前町）を創建したとも伝えられている。『播磨鑑』は、法皇が書写山から引いてきた小松のうちの三本をこの寺に植えるように命じたと記す。松と法皇は深い縁に結ばれているらしい。巽（南東）の方角に二本、坤

（南西）の方角に一本植えたといい、「もし、枯れるようなことがあれば、書写山から松を引いてきて植えよ」と法皇からお言葉をもらい、延昌は感涙にむせんだ。
中世の『峰相記』にも、この寺の話がある。天人が一木で小箱を作ったが、その小箱には極楽の様子が事細かに描きだされていたそうだ。『播磨鑑』にあるのは「蛇井戸」の話で、寺が栄えていたころ、高野山からこの井戸に蛇が使いをしたとか。「真言宗の総本山から天台宗の寺へ？」という疑問はさておき、性空上人の弟子が本尊を刻んだという昌楽寺、花山法皇を引きつける不思議に満ちていたらしい。

MEMO 霊応山昌楽寺は、姫路市東今宿に所在する。伝説の松は残っていない。近くの田に「君居《きみい》寺」という字があり、花山法皇に由来するのではないかと江戸時代の地誌に記されている。

大立丘

――多く残る応神天皇伝説

姫路市御立▼地図A30

『播磨国風土記』の時代、飾磨郡巨智《こち》里と呼ばれていたのが、姫路市田寺・辻井・今宿のあたりだ。巨智里の名は、百済から来た一族、巨智氏が住み着いたことに由来する。播磨の国を領していたと伝えられる、巨智延昌もその系譜を引くのだろう。西隣には、韓室首《からむろのおびと》の宝らの先祖が富み栄えて韓国風の室を建てたという韓室里がある。この一帯は、渡来文化の栄えた土地だったらしい。

さて、巨智里には「大立丘」と呼ばれる丘があった。その由来は、次のように記されている。あるとき、「品太《ほんだ》の天皇」がこの丘に立って、周囲の「地形《くにがた》」を御覧になったそうだ。そのため大立丘と名づけられたと、風土記は記している。品太の天皇とは、第十五代応神天皇を指す。応神天皇は播磨の国を巡り歩いたと信じられており、母の神功皇后とともに数多くの伝説を播磨の地に残している。

ところで、大立丘で天皇が行った周りを見まわす行為は、ただの物見遊山ではない。

©ドウノヨシノブ

小高い丘に立って四方を眺める、「国見《くにみ》」と呼ばれる儀式だ。国見は天皇がその土地を自分のものとした証しであり、大立丘でもそうした儀式が行われたと古代の人は考えたのだ。古代の人々にとって、大立丘は大切な場所だったに違いない。はたして、この丘からお隣の韓室里に立つ異国の香り漂う御殿を見ることはできたのだろうか。なお、巨智里には草上《くさがみ》という村があった。土地を拓いたとき、草を刈るとその根が臭かったのでその名が付いたとか。開墾したのは巨智の賀那《かな》、その祖先は韓人だった。海を越えてきた人々の地が、天皇の支配下に置かれたのはいつのことだったのだろう。

MEMO

風土記ゆかりの大立丘とされるのは、姫路市御立にある標高七〇メートル足らずの小丘、御立前山。その山頂には、大正天皇が皇太子時代、ここから陸軍の演習を観戦したという記念碑が立つ。

蛤岩の不思議
——持ち帰ると金持ちに

姫路市西今宿▼地図A31

飾磨郡に三社ある式内社の一つ、高岳《たかおか》神社の創立は、天長三年（八二六）九月九日と伝えられる。ただし、「高岳の神」が最初に鎮祭されたのは、八丈岩山（姫路市新在家）と伝えられ、山頂にある八畳岩の上に「高岡神社旧蹟」と刻んだ石碑が立つ。播磨史談会が建立したものだ。後に現在の蛤山《はまぐりやま》へ遷座し、「播磨国五の宮」と崇められた、安室郷の総氏神である。

さて、蛤山は「船岩山」とも呼ばれた。山頂に形が船に似た巨岩があるためだという。岩のてっぺんには窪みがあって、そこに溜まった水は海の干満に合わせて増減すると信じられていた。「播陽うつ、物語」に記され

ている、この巨岩にまつわる伝承を紹介したい。同書では、蛤山は「高峯山」となっている。

主人公は、井上村という所に住む佐野女という十八歳の女房で、家はたいそう貧しかった。元亀元年（一五七〇）のこと、彼女は近くの「草上明神」に百日の間詣でた。神様の力で貧しさを何とかしたいと考えたらしい。その後、「ががたる岩」に登った。真心込めて祈れば、岩に富裕になる験《しるし》が現れるという言い伝えがあったためだ。その験とは、石の蛤が取れることだった。佐野女は、雨が降って岩に溜まった水の中に白黒の蛤石があるのを発見する。その石を持ち帰ると、半年後に金持ちになり、十五、六丁ばかりの田主となったとか。貧女が登って富を得た岩こそが、今も山頂にそびえる蛤岩と考えられる。いかにも磐坐《いわくら》らしい神秘的な巨岩だ。

安室郷は、『和名抄』の「草上郷」の系譜を引く。「草上明神」は「高岳の神」を指すと考えられ、この奇瑞によって山の名が「蛤山」になったと社伝は伝えている。なお、高岳神社には社宝として蛤の化石が伝わっており、この貧女の拾った蛤石と信じられていた。

MEMO

高岳神社は、姫路市西今宿に鎮座。秋祭りには十三台の屋台が集結、蛤岩まで登っていく。神社の約一キロ南に西国街道が通っており、明治二年の「式内社高岳神社」の道標が立つ。

姫路の鼠浄土

――金銀欲しさが身を滅ぼす

姫路市上手野▼地図A32

「播陽うつゝ物語」にもうひとつ、蛤山にまつわる話がある。「手野村の北」にあったという、「隠れがはな」の話だ。明治時代の『姫路名勝志』は、「袖振山」の北端にあったとしている。袖振山は蛤山の別称で、『名勝志』によれば、当時「隠ヶ鼻」は「往古老鼠の米搗きし趾」といわれていたらしい。

さて、天文五年（一五三六）四月八日のこと、坂山八郎という男が、少々眠気を催し、うとうとしながら歩いていた。八郎は坂本村の「農頭」だったというから、書写山の麓のあたりからやってきた村長のような地位にある百姓だろう。八郎がふらつきながらこの場所を通りかかると、二十七ばかりの女が現れる。そのとたん、雨が降ってきたので、八郎は大きな屋敷に入った。女に誘われて、雨宿りしたらしい。

ふと見ると、屋敷の庭の池の中に金銀がまき散らしてあるではないか。そして、前髪を結った小女たちに、「この屋敷で猫の鳴き声はなりません」と言われる。この言葉で、八郎は彼女たちの正体は鼠だと気づく。鼠浄土で猫の声は厳禁だ。しかし、屋敷の金銀に目がくらんでいた八郎は鼠たちを追い払おうと考え、禁じられた猫の鳴き真似をしてしまう。「ニャアニャア」と何度も叫ぶと、あたりはたちまち暗闇に変じた。その上、農夫の鍬が八郎の月代《さかやき》、つまり頭のてっぺんに打ち込まれ、八郎は落命してしまったとか。そこは「かくれの鼠里」だったと記されている。

つまり、大屋敷と思ったのは、農夫が耕す畑の下にあった鼠穴だったのだ。せっかく異界に招かれながら、欲が身を滅ぼしたという「鼠浄土」伝承のひとつである。

MEMO 蛤山には、蛤山古墳群がある。昭和十五年に地元の子どもたちが石棺から人骨を発見、「兵庫県史蹟名勝天然記念物調査報告書」に調査の経緯が記されている。古墳の存在が、地下の鼠浄土と結びついたのだろうか。

薬師山の石仏
――不信心者が突き落とす

姫路市山畑新田▼地図A33

名古山には、高さ三十八メートルの仏舎利塔が立つ。墓地公園として整備されているが、弥生時代の住居跡など、考古学上の重要な発見があった場所でもある。この名古山に隣接する薬師山は、『播磨国風土記』に出てくる十四の丘の一つ、積荷の琴が落ちてできた丘に比定されている。山上にある琴陵中学校の名は、この風土記の話にちなむ。

薬師山の名は、かつて山頂にあった「石薬師」にちなむ。『播磨鑑』によれば、元和九年（一六二三）、畑を耕していた農夫が薬師如来の石像を掘り当て、山上に祀ったという。時の城主は本多忠政だった。千姫を嫡男忠刻の嫁に迎え、姫路にやって来た忠政は、輝政の築いた姫路城と城下町を完成させたお殿様でもある。西の丸には忠政の作った石垣が残るが、薬師山からも盛んに石が切り出されたと記されている。

さて、薬師山の石切場で働いていた者の中に、長く病に苦しんでいた男がいた。男は山頂に祀られた石薬師にこう祈ったそうだ。「病を治してくれれば、垣を巡らし注連《しめ》飾りを巡らそう。けれども、治してくれなければ、何の益もない物として打ち砕いて道に捨ててしまう」。言い終わるや否や、病気は全快した。男は喜んで、約束通り石薬師の周囲に垣を巡らした。ところが、仲間の一人があざ笑って、あろうことか、石薬師を山上から突き落としてしまう。そのとたん、この不信心者は乱心して、行く方知らずになったとか。

この石薬師には、ほかにもいろいろ不思議な出来事があって、忠政夫人もその評判を聞いて密かに願いごとをしたそうだ。その願いが叶ったので、夫人は小堂を寄進して薬師仏を安置したと記されている。

MEMO

現在、薬師山上には大御岩神社が立つ。薬師山の東、姫路市岩端町に附近の水田から掘り出された石仏を祀る小堂があり、石薬師との関連が指摘されている。

御井隈《みいくま》の賊

――犬に変身、不思議な力

姫路市青山西▼地図A34

青山地区は、『播磨国風土記』で飾磨郡漢部里《あやべ》に属す。讃岐の国から漢人が来て住み着いたことに由来する。「倭の五王」の一人とされる雄略天皇の時代、このあたりに大変な乱暴者が住んでいたと、『日本書紀』は記している。

雄略天皇の治世十三年の八月、播磨国で起きたことだ。御井隈というところに、「文石小麻呂《あやしのこまろ》」という男がいた。「力有り心強」い男で、横暴な振る舞いを重ねていた。旅人から略奪を繰り返して街道の交通を妨げたり、商船を襲って品物をことごとく奪い取ったりしたという。その上、国の法にも従わず、税も納めようとしなかったと記されている。

そこで、天皇は小野臣大樹《おおき》という家臣を御井隈に派遣した。大樹は大勢の勇敢な兵士に小麻呂の屋敷を取り囲ませ、屋敷に火を放つ。すると、燃え上がる炎の中から一匹の白犬がものすごい勢いで飛び出し、大樹に襲いかかった。その大きさは馬ほどもあったというから、尋常な犬ではない。しかし、大樹は顔色一つ変えず、その大犬を一刀のもとに切り捨てた。たちまち、大犬は御井隈の賊徒、小麻呂に姿を変えたとか。

つまり、小麻呂には馬ほどもある犬に変化するような、不思議な力が備わっていたわけだ。青山は山陽道が東西に通り、夢前川の渡し場だった場所近くに安政二年（一八五五）の道標が立つ。北へ行く道は因幡、出雲への道、日本海へと通じている。古代から交通の要衝だった青山に天皇に反旗を翻すほどの豪族がいた、その象徴が文石小麻呂だったのかもしれない。なお、この話は『峰相記』にも記されている。

MEMO 青山の西にある、千石池の東、「小丸山」が御井隈の地と推定されている。丘上に山名宗全の屋敷があったともいう。黒田官兵衛が龍野城主赤松政秀と戦った場所とされ、千石池南に近年記念碑が建てられた。

©ドウノヨシノブ

人丸の社

——柿本人麻呂の伝説伝える

姫路市青山▼地図A35

『播磨鑑』は、「青山」を「昔人丸播磨守たりし時住」んでいた所と記している。人丸は、後に「歌聖」と讃えられた飛鳥時代の歌人、柿本人麻呂のことだ。平安時代以降、人丸と記されることが多かった。つまり、人麻呂が播磨の国の国司を務めたとき、青山の地に住んでいたというのだ。実際に人麻呂は播磨守だったことがあるが、どこに住んだかは定かではない。『万葉集』にある人麻呂の「青山の石垣沼の水隠《みごもり》に恋や渡らむあ（逢）う縁《よし》をなみ」の歌から、青山居住説が生まれたらしい。

『播磨鑑』には、「青山の浅陰沼《あさかげ》のみかくれにあ（逢）はんとすれどあ（逢）ふよしもなし」という歌が載っている。『日本三大実録』に載る古社、稲岡神社の北西に児童公園があり、その一部が浅陰沼の跡地と伝えられている。ご存じの通り、柿本人麻呂は赴任地だった石見の国で没した。その地の妻依羅娘子《よさみのをとめ》が人麻呂の死を悼む、『万葉集』の歌は有名だ。『播磨鑑』は、石見から「妾女（妻）」がやってきた話を載せている。

それによると、妻がはるばる来てみると、あいにく人麻呂は奈良の都へ出かけた後だった。ところが、都へ向かっていた人丸は、夢で「住吉の御告」を受ける。その夢告は、石見の国から愛しい妻が尋ねてきたぞというものだったようだ。住吉明神は和歌三神のお一人で和歌の道に精進する人麻呂がご贔屓だったのだろう。人麻呂はこの夢告のおかげで、播磨の国へ取って返し、無事に妻と会うことができたとか。愛妻と会った場所は、「妻見岡」「妻岡」と呼ばれた。この岡に「人丸ノ妾」の「ヨサフノ乙女」を祀ったと『播磨鑑』は記す。遠い播磨まで人麻呂を追ってきたのは、『万葉集』に名歌を残した依羅娘子だったらしい。残念ながら、乙女を祀った社は残っていない。

MEMO 稲岡神社の西にある小丘に、人丸神社が鎮座する。例祭は四月十八日。稲岡神社に文政十三年（一八三〇）に奉納された「お陰参り図」絵馬は、県指定文化財（兵庫県立歴史博物館に寄託）。

二人の歌人
――「歌書ヶ淵」と「腰掛け石」

姫路市青山▼地図A36

青山には、もう一つ柿本人麻呂伝説が残されている。今は道路となってしまったが、かつて夢前川は稲岡神社が鎮座する稲岡山の東を流れていた。伝説によれば、川の流れが山麓にぶつかり、深い淵になっていた。風情のある景色だったのだろう、そこで播磨の国司だった人麻呂が歌を詠んだ。そこで、その淵は「歌書ヶ淵」と名づけられたという。天正四年（一五七六）の「播州府中記」に、その名が見えている。

ところが、平安時代になって、その歌書ヶ淵を一人の女流歌人が訪れる。恋多き女として知られる和泉式部だ。すぐれた女流歌人だった式部は、奈良時代の歌聖に想いをはせたに違いない。歌書ヶ淵にあった石に腰掛けて歌を詠んだという。和泉式部がこの地を訪れた理由は、上東門院とともに書写山の性空上人を訪ねていく途中に立ち寄った、いや、再婚相手の平井保昌が播磨守に任じられ、一緒にこの地に住んだ、あるいは、保昌が任地の石見国に赴くときに通ったのだ等々、さまざまに語られている。

この歌書ヶ淵は、江戸時代、観光名所として有名だったらしい。姫路藩主榊原政邦も「青山八景」の一つに「歌書秋月」を挙げ、「秋の夜の月に契りし深ければ歌そ積もりて淵となりけり」と詠んだ。

ただ、『播磨鑑』は歌書ヶ淵の腰掛け石については触れていない。その代わり、人麻呂が持っていた硯が埋まった「硯石」があったとしている。和泉式部が腰掛けた石だったのか、人麻呂が硯として使った石だったのか。卓越した歌才を持つ二人の歌人を後世の人々が愛すればこそ生まれた、二通りの伝説といえようか。

MEMO 稲岡山の東麓に、榊原政邦の「歌書秋月」の歌を刻んだ「史蹟歌書ヶ淵」の石碑が立つ。石碑側面に和泉式部の腰掛け石の記載があり、その近くの道路脇に表面のみがのぞいている石が腰掛け石と伝えられている。

青山の皿屋敷
――無実の罪と美女の怨念

姫路市青山▼地図A37

嘉吉の乱の後、赤松氏を滅ぼして播磨国守護となった山名宗全《やまなそうぜん》は、山名氏四天王の一人、太田垣氏を守護代とした。そして、太田垣氏が館を構えたのが青山だったと伝えられている。

天正五年（一五七七）に書かれた「竹叟夜話」には、その太田垣氏にまつわる話が載っている。嘉吉の乱後、「小田垣主馬助《しゅめのすけ》」という人が山名の家老として青山に住んだ。小田垣は、太田垣を指すのだろう。主馬助は、花野という美女を「脇妾」として寵愛したという。この花野に横恋慕したのが、笠寺新右衛門という郷士で、「千束の文」を送った。ところが、花野はさっぱり振り向いてくれない。

これを恨んだ新右衛門は、主人の小田垣が宴会を開いたときに、山名氏伝来の家宝、五枚揃いの「鮑具の皿」を一枚隠してしまう。これを管理していたのが、花野だったためらしい。花野は皿のありかを聞かれたが、「不思議なこと」ととまどうばかりだった。

小田垣は折檻の末、とうとう花野を縛り上げ、殺してしまう。無実の罪で死んだ花野の怨念は、さぞ深かったに違いない。毎夜「あだをなし」たそうだ。「首くりの松」があると記されているから、花野は松の木に吊されて殺されたのだろう。

播州皿屋敷物語の原型として注目される話で、天正時代すでにこうした話が流布していたらしい。「竹叟夜話」の著者は赤松氏の流れを汲む永良竹叟、永良庄（神崎郡市川町辺）に住んだ。なお、宗全は、嘉吉の戦乱で亡くなった一族や家臣の菩提を弔うため、青山に宗全寺を建立したとされる。太田垣氏も、嘉吉の乱の翌年、嘉吉二年（一四四二）二月十日に法燈寺という寺を建立したと伝えられている。

MEMO 青山五丁目に所在する薬師堂が、宗全寺の五重塔跡と伝えられる。また、青山の北部、遠山地区に法燈寺の跡地とされる地蔵堂があり、「遠山の地蔵さん」と親しまれている。

身代わり薬師
――追っ手から逃れる

姫路市飾西▼地図A38

昔、青山に笠寺という大きな寺があったそうだ。『播磨鑑』は法燈寺に縁がある寺で、飾西村に寺跡があったと記す。本尊は薬師如来、平安初期に播磨国の国司だった巨智延昌が薬師堂を建立したとされる。九間四方の壮大な仏堂で、薬師仏は高価な香木、伽羅の木で作られていたというから、贅を尽くした寺だったらしい。

戦国時代に書かれた「播磨古所拾考」に、この仏の霊験が記されている。それによると、一人の旅人が追っ手に追われ、この寺に逃げ込んだ。旅人は、薬師如来のご加護を願って一心にお経を唱えたそうだ。すると、薬師如来が旅人に変身、身代わりになってくれた。おかげで、旅人は追っ手から逃れることができたという。身代わりになったとき、薬師如来は旅人の笠を被っていたため、その寺は「笠寺」と呼ばれたとか。

『播磨鑑』では、女連れの武士が盗人に追われ、寺に逃げ込んだ話へと変化している。同書によれば、その事件は正中二年（一三二五）に起きた。武士は、寺僧に頼んで女とともに仏殿に身を隠す。ところが、二人は盗人に発見され、切られてしまう。その上、盗人は寺僧を縛り、財物を奪って逃走したというからひどい話だ。

そのとき、奇跡が起きた。十二人の童子が現れ、盗人を捕らえ財物を取り返してくれたのだ。おまけに盗人に切られたと見えた二人も無傷だった。童子は薬師の脇侍、十二神将だったと記されている。この武士が人妻を奪って逃げ込んだのだという説や、浮気の末に夫に追われて逃げ込んだ妻が助かったという話も付け加えられている。笠寺のお薬師様は、かなり心の広い仏様だったようだ。

©ドウノヨシノブ

MEMO

現在、姫路市飾西に笠寺という小堂が存在する。もとは飾西の西、長池のあたりにあり、長池を造るために現在地に移転したとされる。大正時代、播磨史談会が建立した石碑が立つ。

桜の木と天人

――摩尼殿《まにでん》誕生の契機に

姫路市書写▼地図A39

西の比叡山と称される書写山円教寺は、播磨を代表する天台宗の名刹だ。その開祖が、上は法皇、国司から下は名も無き庶民にまで崇敬された「播磨の聖」性空上人。性空は早い時期に説話・伝承の世界の住人となり、『今昔物語集』にも登場している。

性空は、平安時代初め、京都の貴族の家に生まれた。三十歳近くなって出家した性空は九州の山々で修行し、五十歳を過ぎて紫の瑞雲に導かれて書写山へ分け入る。そして、西の谷に粗末な庵を結んだとか。

さて、山に入って四年目、天禄元年（九七〇）のこと。性空は、崖に生えている桜の

大木に天人が舞い降り、その木を礼拝しながら飛ぶ姿を何度も目撃する。天人が桜の木を讃える言葉を聞いた性空は、弟子に命じてその木を切り倒すことなく、生えたままの状態で如意輪観音の姿を刻ませた。そして、その観音像の周りに柱を立て、屋根を葺いてお堂を建てた。いわゆる「懸崖造り」の建物を完成したわけだ。

生きたままの木に刻んだ観音、「生木の観音」を本尊とする如意輪堂の誕生である。性空に心酔して二度の行幸を行った花山法皇も、このお堂に詣でたに違いない。如意輪堂が建った後も、不思議は起こった。美しい鳥がその建立を祝って、「何もみないとわぬ山の木草にはあの求菩提《ぐぼだい》の花ぞ咲くべき」とさえずったとか。『徒然草』に性空が豆殻と豆の言葉を聞き取った話があるが、そんな性空だけに聞こえた鳥の歌だったかもしれない。

このお堂が後に、現在も多くの人が足を運ぶ摩尼殿となる。なお、摩尼殿という名は、承安四年（一一七四）に参籠した後白河法皇が命名した。

MEMO
円教寺は西国巡礼の二十七番札所。一月十八日には鬼追いがある。最初に性空が庵を結んだのは奥の院にある薬師堂（県指定）あたりといい、奈良時代の遺物も採集されている。なお、ロープウェイ山上駅近くに、瑞雲が止まった場所という紫雲堂跡地がある。

奥の院の歌塚
——和泉式部も書写山訪問

姫路市書写▼地図A40

書写山の西の谷、奥の院にある開山堂のそばに、古い石塔が立っている。俗に、「和泉式部の歌塚」と呼ばれている石塔だ。和泉式部は、『峰相記』にも性空上人の許を訪れた著名人の一人として名前が載っている。和泉式部は、二人の親王との恋の後、寛弘六年（一〇〇九）年から一条天皇の中宮、上東門院彰子に仕えた。彰子の父、藤原道長に請われたのだとされる。

伝説によれば、性空の高名は京の都にも達し、式部の主人、上東門院も是非とも性空と結縁したいと願うようになった。上東門院は和泉式部をはじめとする六人の女房を供に連れ、播磨へと出発する。そして、ついに書写山に到着、けわしい山道を登っていった。ところが、性空は上東門院の一行が現れる前にその来訪を予知し、「鬼が来る」とつぶやくと、弟子に自分は不在だと言うよう命じた。つまり、居留守を使って会おうとしなかったそうだ。

留守ならば仕方がないと、上東門院一行は泣く泣く山を下りることにした。その去り際に、和泉式部が歌を一首詠む。「暗きより暗き道にぞ入りぬべきはるかに照らせ山の端の月」という、式部の代表歌の一つだ。この歌を弟子から聞いた性空は、「日は入りて月まだ出でぬたそがれに掲げて照らす法の灯」と返歌を詠み、すぐに一行を呼び戻させて仏の教えを説いたとか。式部の歌は、性空が信奉する法華経の教えに基づくものだった。

室町時代の「御伽草子」などにも語られている有名な話で、広く知られたこのエピソードが古い石塔と結びつき、和泉式部の歌塚が生まれたのだろう。

MEMO 歌塚とされる石塔には、天福元年（一二三三）の年紀が刻まれている。開山堂（県指定）脇に立つ護法堂は、向かって右が乙天社、左が若天社。国の重要文化財。

©ドウノヨシノブ

若き日の弁慶
――書写山炎上のその後は

姫路市書写▼地図A41

性空上人の護法童子、乙天・若天には、八徳山八葉寺（姫路市香寺町）の寂心上人に湯釜を運んだ話など、エピソードが少なくない。しかし、護法堂の向かいに立つ拝殿ゆかりの人物は、全国区の人気者だ。その人物とは武蔵坊弁慶で、拝殿は別名「弁慶の学問所」といい、「弁慶の勉強机」が宝物館となっている食堂《じきどう》に展示されている。その食堂の手前、大講堂の傍らにあるのが、「弁慶の鏡井戸」だ。その由緒は、室町初期の成立といわれる『義経記』の「書写山炎上の事」などに載っている。

あるとき、若い弁慶は書写山でひと夏、勉学に励んだ。秋風が立ったころ、再び修行の旅に出ようと決心し、寺僧たちに別れを告げに行くと、宴会の真っ最中だった。弁慶は酒を勧められ、つい酔っぱらって寝てしまう。すると、信濃坊戒円という僧が筆で「弁慶は平足駄にぞなりにけり」と、弁慶の顔に書き付けた。目を覚ました弁慶は、皆が笑う様子を不審がりながら、井戸へやって来る。そして、水鏡に映った顔面に墨書の

©ドウノヨシノブ

いたずら書きを発見、怒った弁慶は寺僧らと大立ち回りを演じ、戒円を屋根に放り上げた。ところが、戒円が手にしていた松明のために火災が起き、とうとう書写山一山を焼き尽くしてしまう。

しかし、弁慶は一晩のうちに京都の御所に駆けつけ、書写山炎上を知らせたとか。空を飛び、一日で数十里を行き来した乙天・若天を彷彿とさせるスーパーマンぶりだ。『御伽草子』の「弁慶物語」ではそのおかげですぐに寄付金が集まり、円教寺は見事に再興したと語られている。

MEMO 書写山の参詣道の一つ、東坂には弁慶が薙刀を研いだという「砥石坂」があり、山麓の玉田地区の氏神、北野神社の境内には弁慶の母の墓とされる石塔がある。

正月に舞う鬼
――豊穣願う円教寺の修正会

姫路市書写▼地図A42

書写山円教寺ではさまざまな法会が行われているが、一月十八日に行われる修正会、いわゆる「鬼追い」は我々にもっともなじみ深いものと言っていいだろう。修正会は奈良時代に始まる天下泰平、五穀豊穣を祈る仏教行事で、播磨地方は多くの鬼追いが継承されていることで知られる。

円教寺の鬼追いの主役は、赤鬼・青鬼の二匹の鬼だ。大槌を背負った赤鬼は松明と鈴を、青鬼は大きな鉾を手に、まず円教寺の鎮守社である白山権現の舞堂で舞う。次に多くの参拝客で賑わう摩尼殿まで降りて来て、その内陣で舞い踊る。白山権現は摩尼殿の上方、白山峯に鎮座しているが、『峰相記』はこの峯には閻魔王が「毎日来給う」と記す。閻魔様と白山権現で舞う修正会の鬼たち、その関係が気になるところだ。

ところで、新しい年の平穏と豊穣とを願って舞う、円教寺の赤鬼・青鬼は、「鬼は外!」と豆で追い払われる悪役ではない。むしろ、我々を守護してくれる神様的な存在といえるだろう。実は、この二匹の鬼は、空を飛んで性空のお使いをした護法童子、乙天・若天だと伝えられている。赤鬼は若天、青鬼は乙天といわれ、二匹の鬼面に角が生えていないのはそのためだとか。乙天は毘沙門天、若天は不動明王の化身とされる。つまり、ありがたい仏様の化身なのだ。

鬼役は「六人衆」と称する、円教寺と縁の深い旧家が代々務めており、鬼箸や鬼の花などの習俗が大切に守られている。鬼追いを取り仕切る家には、性空上人のお供をして書写山にやって来て東坂に住み着いたという伝承が残っているそうだ。

MEMO

鬼追いに使用される鬼面は、詩人としても名高い高村光太郎の父、高村光雲らの作。また、姫路藩主本多忠政が寄進した湯屋橋の手前に「弁慶のお手玉石」と称される二つの石があるが、もとは乙天・若天ゆかりの「護法石」とされた。

三左衛門堀の主
——波の中の怪物の正体は？

姫路市三左衛門堀東の町・同西の町▼地図A43

姫路駅の南に流れる外堀川の前身は、市川の旧流路を利用して池田輝政が築いたと伝えられる三左衛門堀だ。この堀に「主」がいたという話が、江戸中期に書かれた『西播怪談実記』に載っている。「姫路外堀にて人を呑んとせし鯰《なまず》の事」という話で、題名には「外堀」とあるが、中身は三左衛門堀が舞台だ。登場するのは、元塩町の裏長屋に住む太郎兵衛という男の妻である。

ある日、この女が三左衛門堀に洗濯物をすすぎに出かけた。堀端でせっせと洗濯物をすすいでいると、向こうの方が激しく波立ち、その波がだんだんこちらへ近づいてくる。はじめのうち、女は「カワウソか何かが、魚を捕っているのだろう」と眺めていた。

ところが、その波がすぐ近くまで近づいて来てみると、波の中にいるのは得体の知れない怪物ではないか。それが波の中で大きく口を開け、自分をひと呑みにしようと襲いかかってくる。肝をつぶした女は、洗濯物を何もかも打ち捨てて逃げ出した。逃げながら振り向くと、その怪物は石の上に置いていた白い浴衣をくわえて去っていくところだったという。この話は町中の噂となり、伝え聞いた人が「三左衛門堀の主と伝えられている、二間ばかりもある大ナマズだ。去年涼みに行ったときに初めて見たが、子どもなどを堀端にやってはいけない」と語ったとか。

二間といえば四メートル弱、途方もない大ナマズだ。輝政が外堀と飾磨津とを結び、舟運を開こうとしたとされる三左衛門堀だが、未完成に終わった。未完の運河には、輝政の無念が残っているのだろうか。いつしか城外の魔所となっていたらしい。

MEMO 現在、外堀川は下流の野田川を介して播磨灘へ注いでいる二級河川。近年整備されて市民の憩いの場となっており、毎年五月城陽地区連合自治会によって「三左衛門堀川まつり」が開催されている。

化け犬の捨て所

――姫路の魔界スポット？

姫路市本町▼地図A44

『西播怪談実記』にもう一つ、三左衛門堀が登場する話がある。「姫路本町にて殺し犬形変する事」という話だ。

事件が起きたのは、宝永年間（一七〇四～一一）のこと。その頃、三、四年もの間、姫路の町である白犬が噂になっていた。夜になると、城下町をうろついてあちこちの家で物を盗んだり、食べたりする悪さを繰り返していたという。

当時、本町には蚊帳《かや》を商っている家が多かった。ある夜更け、本町のある家で蚊帳職人たちが夜なべ仕事をしていたときのこと。奥の間の障子をそろりと開ける音がした。「誰だろう」と覗くと、小さな白犬がいるでは

ないか。「あの盗み犬だ」と声を上げると、居合わせた者が手に手に割り木や火吹き竹を持って追い回し、とうとう打ち殺してしまった。町なかには捨てられないということだろう、「夜に紛れて三左衛門堀に捨ててこよう」と相談がまとまる。二、三人で堀まで引っ張っていき、深い水の中に投げ込んで帰って来た。ところが、戻って一服していると、再び白犬が出現する。もう一度打ち殺して、「水を呑んで蘇生したのだろう」と、今度は堀の土手に遺棄した。すると、翌朝、「珍しい大犬が捨ててある」と外が騒がしい。職人たちが素知らぬ顔で人波について三左衛門堀に行ってみると、驚いたことに小犬だったはずの犬が馬ほどの大きさに変じているではないか。

『実記』は「犬も長生きすると、自由に変化することができるそうだ。体を小さくして町をうろつき、死んだ後に本来の大きさに戻ったのだろう」という噂を記し、その大犬を見た人から聞いた話だと結んでいる。大ナマズに化け犬、三左衛門堀は不思議の起こる場所と認識されていたらしい。

MEMO 化け犬が出現した江戸時代の本町は、中堀の南、山陽道を挟んで東西に延びた町人地。城下町の中心で、山陽道と中ノ門から飾磨門への道が交差する「札の辻」は高札場跡だった。近くに『好色五人女』に登場するお夏の生家、但馬屋があった。

イタチの妖怪出現
――虚無僧が弓矢で退治

姫路市北条▼地図A45

江戸時代の北条村は、現在の北条地区だけでなく三左衛門堀東の町、同西の町も含む大きな村だった。南条村とともに、古代の条里制に起源を持つ地名として知られている。その北条村の氏神は天満神社で、参道に立つ石鳥居は寛文四年（一六六四）に建立されている。そして、参道入口にあるのが「虚無僧塚」と刻まれた石碑だ。この石碑にまつわる、『飾磨郡誌』の伝承を紹介したい。

昔、このあたりから南条村の西、三宅村の天満神社あたりまで広大な藪が広がっていた。この藪に、毎年田畑を荒らす妖しい怪物が棲んでいたという。困り果てた村人が氏神に祈ると、「米と男女一人ずつ子どもを供えよ」と告げられる。村人たちは泣く泣くそのお告げに従い、毎年人身御供を捧げて暮らしていた。人身御供を出さないと、必ず田畑が荒れたそうだ。

あるとき、この地に「三野」という虚無僧がやって来た。三野は人身御供の話を聞く

と、弓矢を持って果てしない薮の中に入っていき、薮の怪物を弓矢で見事に退治する。その正体は、「八ツノ目ヲ備エタル大鼬《いたち》」だった。「八面の鼬」「頭八ツある怪物」だったとも伝えられている。喜んだ村人は三野を村に住まわせ、彼が亡くなると塚に葬った。それが虚無僧塚で、「三野塚」とも呼ばれていたと記されている。

　三宅の天満神社は、このユニークな妖怪、八面イタチの祟りを恐れて祀った社だから「八ノ宮」ともいった。興味深いのは、このあたりが因《い》達《たて》里だったことだ。イタチはイタテの転訛、つまり、風土記時代に因達里の人々が祀っていたイタテの神様が、時代を経るうちに大イタチの妖怪に変化したのではないかという。

MEMO

北条天満神社ではかつて「八ツ目イタチ」と書いた的を弓で射る儀式が正月に行われ、男女の子どもが当番を務めるオトウ神事があった。

相槌を打った狐

——今に伝わる「刃ノ宮地蔵」

姫路市豊沢町▼地図A46

イタチの次は、狐の話をしてみたい。外堀川にかかる一ノ切橋の近くに、鍛冶屋公園という公園がある。そのすぐそばに、小さな地蔵堂があるのを御存知だろうか。豊沢町の内で、字名を「鍛冶屋」という。地蔵堂は「刃ノ宮地蔵」と呼ばれており、『播磨鑑』に「鍛冶か堂」として由緒が記されている。

昔、京都に三条小鍛冶《こかじ》宗近《むねちか》という刀鍛冶がいた。宇佐八幡宮に刀を奉納しようと旅してきて、この地で病に倒れてしまう。仕方なく留まっていたある夜のこと、夢のお告げがあった。八幡神は播磨の松原へ遷られたから、剣を作って松原八幡宮に納めよというご神託だ。ところが、刀を打とうにも相槌を打ってくれる者がいない。困り果てていると、稲荷明神の神狐「孫太郎」が刀匠となって現れ、宗近の相槌を打ってくれた。おかげで見事な小刀が出来上がり、松原八幡宮に納めることができ、その刀は神宝となったとか。

やがて、宗近はこの地で亡くなる。里人は草堂をつくって、彼が帰依していた石地蔵を安置した。それが刃ノ宮地蔵で、いつのころから口中の病、歯痛に霊験ありと信仰されるようになったそうだ。宗近は平安時代に京都三条に住んだ伝説の刀鍛冶で、一条天皇の宝刀「子狐丸」を稲荷明神の助けで打つという謡曲「小鍛冶」は有名だ。

伝承では、相槌を打った孫太郎狐も都に帰らず、この地の井上九郎左衛門の屋敷に住んだという。「京都三条小鍛冶宗近根元記」には、「芝原春日明神ノ藪ノ中」に住んでいた狐とある。孫太郎狐は、三左衛門堀で猟をしていた池田輝政の前に百姓に化けて現れたともいう。殿様をだますほどの妖狐として、しっかり姫路の地に根を下ろしたようだ。

MEMO

刃ノ宮地蔵の小堂は、もと芝原村といった姫路市豊沢町にある。また、地蔵堂の脇には孫太郎稲荷が祀られている。なお、江戸時代の手柄山には刀鍛冶が居住しており、「播磨国刀匠顕彰碑」が立つ。

夜《よ》啼《なき》地蔵

——母に代わり乳飲ます

姫路市安田▼地図A47

外堀川の西に位置する安田地区の氏神は、洪水によって北の桑原村から流れ着いた神体を祀ったという鞆《とも》田《だ》神社だ。その近くに、「夜啼(泣)地蔵」と呼ばれる石地蔵が安置されており、『播磨鑑』にこんな話が伝えられている。

応仁二年(一四六八)三月八日のこと、「告ノ五郎左衛門」という公家が都から落ちのび、このあたりに住んでいた。応仁の乱で京都が焼け野原になった時代だ。実際に、戦乱を避けて実際に地方へ落ち延びた公家も少なくなかった。

さて、この五郎左衛門という公家らしからぬ名前のお公家さんには、「小きく」とい

う妻があった。二人の間には二歳になる男の子がいたといい、どうやら播磨へ来て生まれたらしい。この地で、親子三人穏やかな暮らしをしていた。ところが、ある日のこと、夜中に瀧兵太夫という武士が五郎左衛門宅に押し入ってきた。そして主人の五郎左衛門を殺し、さらに妻の小さくをさらって行ってしまう。後には、幼ない子どもだけが残された。この子も危うく刺し殺されそうになったが、小さくが朝に夕に信心していた地蔵が助けてくれたのだった。その上、孤児となった幼子が夜泣きすると、地蔵が母親に代わって乳を飲ませてくれたという。

　天正時代に書かれた「国衙巡行考証」にも、「夜鳴（泣）地蔵」の名が出ている。著者は、蘆屋道満《あしやどうまん》の子孫、蘆屋道建だ。ただし、載っているのは「夜鳴地蔵ハ、此春人とりし」という話である。つまり、夜鳴地蔵が人の命を取ったという話があったらしい。その人は、よほど非道な行いをしたのだろうか。慈悲深いお地蔵さんも、ことと次第によっては鬼になる、地蔵菩薩の裏の顔は閻魔王とされているのだから。

MEMO

夜啼地蔵は、姫路市安田に所在。あちこち流転した末に現在地に祀られたそうだ。脇には「茶士良古順誉」の供養塔などがある。隣接する鞆田神社の祭神は市杵島姫《いつきひめ》命、境内に文久元年（一八六一）の手洗石が残る。

三宅と蘆屋道満《あしやどうまん》
――播磨に深い縁残す

姫路市飾磨区三宅▼地図A48

姫路市飾磨区三宅は、古代の屯倉《みやけ》ゆかりの地名とされる。『播磨国風土記』には、隠岐・出雲・伯耆・因幡・但馬の五カ国の国造が開墾した田から収穫した稲を納める「御宅」を建てた話が載っている。これが後に「三宅」に転じたとか。

飾磨の三宅の名は、中世の『峰相記』にも出ている。「当国ノ古事」について述べている箇所で、晴明・道満にまつわる話の中に登場する。晴明は平安時代の宮廷陰陽師、安倍晴明、道満はそのライバルとして有名な民間陰陽師、蘆屋道満だ。晴明は実在の人物だが、道満はもっぱら物語や芝居の世界で活躍する。

さて、道満は一条上皇の時代、晴明と並び称される陰陽師だった。藤原道長の政敵に頼まれ、道長を呪うため「封物」を道長の通る道に埋める。呪詛の依頼者は、道長と関白の位を争った藤原伊周《これちか》だった。晴明が道満の術を見破り、封物を掘り起こすと、それは白鷺となってどこかへ飛び去ったそうだ。基になったのは鎌倉時代の説話集、『宇治拾遺物語』に載っている有名なエピソードだろう。

『峰相記』は、さらに道満はその罪によって播磨国に流されたと記す。道満は佐用の奥に住んだといい、再び京へ上ることは叶わなかった。どういう経緯か、その子孫は英《あ》賀《が》・三宅のあたりに住んだ。彼らは道満譲りの陰陽道の術を伝えていたといい、実際、天正のころに三宅村には蘆屋姓の陰陽師が住んでいたようだ。占卜の業で英賀城主に仕えたとされる。播磨の地誌を著した者もいた。『播磨鑑』には、「薬野」の由来として、道満の子孫が構村の先で往来する人々に薬を施した話が残っている。

MEMO

佐用町には「道満塚」「晴明塚」と呼ばれる宝篋印塔が立つ。生誕地とされる高砂市など、播磨には道満の伝承地が多い。なお、今、飾磨区三宅の西、同区構に「薬塚」の案内板が立っている。近年まで船場川の東、飯田地区にあり、「おまつ」と呼ばれていた。

©ドウヨシノブ

清水薬師の霊水
——子どもの命救う

姫路市飾磨区清水▼地図A49

六百歳の古狐、およし狐ゆかりの坂田町善導寺に祀られているお薬師さんは、「飾磨薬師」と呼ばれていた。つまり、もともとは飾磨津に祀られていたわけで、この薬師を本尊とする通称「飾磨寺」は、『峰相記』にもその名前が出ている。

『播州名所巡覧図絵』は、「飾磨寺遺蹟」として薬師を安置する「小堂」があり、清水があるので「清水薬師」と呼ばれていると記す。その清水は、どんな日照りでも水が涸れず、どんな大雨でも水量が変わらない霊泉だった。飾磨街道沿いにある清水山東光院は、清水薬師の系譜を引くとされる寺だ。

伝説によれば、昔、このあたりに一人の長者がいた。あるとき、一人息子が大病にかかってしまう。いろいろ手を尽くしたが、一向に効き目がない。そこで、飾磨寺の薬師に、「子どもの命を救って欲しい」と一心に祈ったそうだ。すると、夜が白々と明けるころ、白髪の老僧が現れ、金色の光を放った。その光は一人息子を照らし、老僧が手にし

た宝壺から薬水を与えると、たちまち息子の病が癒えた。長者がふとお堂の傍らを見ると、清らかな霊水がこんこんと湧き出ているではないか。長者は老僧に姿を変えたお薬師様が息子の命を救ってくれたと悟り、飾磨寺の薬師を厚く信仰する。寺は、「清水薬師」の名で広く人々に知られるようになった。

飾磨寺の井戸は有名だったと見え、その井筒についても伝説が残っている。秀吉が英賀城を攻めたとき、町の人々は英賀御坊の資材を亀山へと運んだが、石の井筒が飾磨の清水で動かなくなってしまい、そのまま飾磨寺に寄付されたとか。

MEMO

清水山東光院は、飾磨区清水に所在。霊水の井戸は残念ながら現存せず、井筒も伝わっていない。少し北に、「名勝清水薬師井戸之址」という石碑が立つ。

飾磨の御幸《ごこう》橋

——花山法皇が通る？

姫路市飾磨区御幸町

▼地図A50

姫路名産として知られた「飾磨のかち染」、その藍染めの店が多くあったのが飾磨津の細江町（飾磨区細江）と伝えられる。このあたり一帯を「津田の細江」といい、古くからの湊だった。歌枕の地でもあり、『万葉集』にも山部赤人の「風吹けば波が立たんと伺候に都太の細江に浦隠り居り」という歌が載っている。

さて、その細江の北に御幸町という町がある。その地名由来に登場するのは、さまざまな伝説に彩られた花山法皇だ。書写山参詣のために湊に上陸した際、法皇はそこにあった光明寺という寺に立ち寄ったという。光明寺は現在の松風山知宝寺の前身と伝えられ、元は

天台宗だった。同寺は、花山法皇の訪問に因んで「御幸堂」と呼ばれたとか。

飾磨区御幸と同区宮の間にある御幸橋も、法皇が渡った橋とされる。理西上人という僧は、「飾磨なる御幸の橋の絶えもせで今も往きかう里の市人」という歌を詠んだ。言い伝えによれば、この橋は死人を通行させなかった。

『播州名所巡覧図絵』は「御幸橋」を「御幸町雲見川の下に架る土橋」とし、御幸の主は「白河法皇とも花山院とも定かならず」としている。白河法皇は、『播磨鑑』が名前の由来としている後白河法皇のことではないだろうか。

飾磨津という地名の表記も、寛和元年(九八五)に花山法皇が書写山に行幸したときからだという伝承を持つ。里人が法皇を歓迎するために美しい絹の布で町を飾ったのが気に入り、それまで「鹿間津」と書いていた地名を「万を飾る津」と書くようにと命じた。それが「飾磨津」となったのだと伝えられている。性空上人と強い結びつきを持つ花山法皇、その伝説は古代以来の播磨の湊にも及んでいた。

MEMO

知宝寺は飾磨区御幸に所在し、現在は浄土宗寺院。花山法皇が始めたという西国三十三カ所の巡礼の途中に訪れたともいう。なお、同法皇は長保四年(一〇〇二)の二度目の行幸の際「飾磨津湊」に下船したと『播州円教寺記』に載っている。

手折った梅の枝まつる

――恵美酒《えびす》宮天満神社の始まり

姫路市飾磨区恵美酒▼地図A51

『播州名所巡覧図絵』には、飾磨津の風景が挿絵として入っている。背景には増位山、広峰山、書写山の山並み、そして、海辺に続く町並みの中には「戎《えびす》の宮」「浜の宮」「津田宮」が見える。いずれも天神さん、菅原道真を祭神とする神社だ。道真が太宰府へ左遷された史実にちなみ、姫路の海沿いには天満神社・天満宮が多い。では、飾磨津の天神さん三社の伝説を見ていこう。

まずは、一番東に描かれた「戎の宮」、『播州名所巡覧図絵』に「昔は戎を祭れり」と記されている恵美酒宮天満神社の由緒だ。『兵庫県神社誌』は、同社の由緒を松風山知宝寺という寺の縁起によって記している。あるとき、知宝寺の住職は御所に招かれ、公家たちからも厚くもてなされた。それから、住職は北野天満宮に参詣したそうだ。神前で読経した後、「庭前の風景」を眺めた住職の目に留まったのは、美しい梅の花だった。そのころから、北野天満宮は梅の名所だったのだろうか。

「さすが道真公の愛でた花」と感じ入った住職は、土産にとつい一枝手折ってしまう。それを天満宮の社人に見とがめられ、「神木の梅になんということを」と非難された。すると、住職はとっさにこんな狂歌を詠んだ。「一枝を折井の衣播磨潟飾磨の坊主いえつとにせん」。「いえつと」は「家苞」で、土産の意だ。

ともかく、この当意即光な狂歌のおかげで住職は無事に梅の枝を持ち帰ることができ、寺門繁栄を願ってその枝を神として祀った。これが、恵美酒宮天満神社の始まりだとか。

MEMO

恵美酒宮天満神社は、姫路市飾磨区恵美酒に鎮座。元禄十一年（一六九八）の石灯籠など、江戸時代の石造品が多い。石鳥居は元和三年（一六一八三）。「神護丸図絵馬」は姫路市の指定文化財。

片葉の葦

――菅公との別れを惜しむ

姫路市飾磨区恵美酒▼地図A52

恵美酒宮天満神社は、秀吉の時代に戦火で焼失してしまったので「ナクナリ天神」、また、焼け残ったわずかの社宝のみを祀ったので「茶棚の天神」とも呼ばれたそうだ。社記には蒙古襲来をきっかけに創建されたと記されており、さまざまな伝承が伝えられている。

もちろん、「菅公」、すなわち菅原道真にまつわる由緒を持つ。道真が太宰府に左遷される旅の途中で立ち寄り、その御影を祀ったという。そして、道真ゆかりの遺物が残されているのが、境内に弁財天を祀った小社の周りの池だ。遺物とはその池に繁茂しているアシで、「片葉の葦」と呼ばれている。

伝説によれば、道真は太宰府への途次、津田の細江に船を泊め、一夜を過ごした。道真に接した飾磨津の人々は、誰しも道真の人柄を尊いものに思い、いざ出発となると、みんなが別れを惜しんだ。しかし、道真の人徳に感じ入ったのは人間ばかりではなかっ

©ドウノヨシノブ

た。草木も菅公の「徳風」になびいたのだ。道真が船出すると、別れを惜しんであたりに生い茂っていたアシの葉がいっせいに枝の一方の側に片寄ったとか。その方向は西、九州の太宰府へと向かう方向だった。つまり、物言わぬアシたちも菅公との別れをそれほどまでに悲しんだという話だ。

『飾磨郡誌』には、こんな歌が載っている。

「飾磨潟津田の細江の片葉葦繁りし跡はここと

こそ知れ」。菅原道真の生涯をしのびつつ、道真を見送ったというアシの子孫たちを「戎の宮」の弁天池の中で探してみていただきたい。

MEMO

恵美酒宮天満神社は、飾磨区恵美酒に鎮座。古くは事代主《ことしろぬし》命を祭神とした。同社の南の浜は「宮の浜」と呼ばれ、対岸には姫路藩の米蔵があった。飾磨区宮に「旧姫路藩御蔵之址」の石碑が立つ。また、同社の浜先に、同区玉地で生まれた詩人、有本芳水の燈台型の詩碑がある。

老医の天神信仰
——浜の宮天満神社の社地整える

姫路市飾磨区須賀▼地図A53

「戎の宮」に続いて「浜の宮」、浜の宮天満神社にまつわる伝説を一つ紹介しておこう。同社はもと宮町にあり、池田輝政のときに米蔵建設のため現在地に移された。菅原道真は、太宰府左遷のときでなく、讃岐国司に任じられ赴任する途中にこの地に立ち寄ったと伝わっている。『播磨鑑』は、浜の宮天満神社の項に、こんな天神さま信者のことを記している。

昔、浜の宮を氏神とする地域に、小信寿桂という医者が住んでいた。「老大医」とあるから、名医として名高い年配の医者だったと思われる。寿桂は、天神さんを厚く信仰していたらしい。天満神社の「社地建立」のため、尽力しようと決心した。近所の子どもたちを集めて、小石を拾い集めさせたという。そして、小石を持ってきた子には、褒美として「甘草《かんぞう》」を与えた。甘草は豆科の多年草で、漢方でもっともよく使う生薬の一つだが、甘味料としても用いる。甘草目当てに、腕白坊主もせっせと石を運んだに違いない。

さて、そうしてたくさんの小石を集めると、寿桂は法華経を一つの石に一字ずつ書写していった。いわゆる「一字一石経」だ。寿桂は心を込めて法華経を書写した大量の小石を埋めて、浜の宮天満神社の社地を整えた。老大医の機智、そして、篤実な人柄が偲ばれる。

なお、浜の宮天満神社にはかつて生薬として使われていた物が社宝として伝わっている。江戸時代、漁師が海中から引き上げた「龍頭」「龍骨」だ。話題を集めたらしく刷り物も出されている。その正体は、氷河時代に生息したナウマン象の骨だとか。

MEMO
浜の宮天満神社は、飾磨区須賀に鎮座。秋祭りの「台場差し」は、姫路市の無形民俗文化財。元禄十二年（一六九九）の石灯籠などがある。

敷物は「綱」
——道真の座り心地いかに

姫路市飾磨区思案橋▼地図A54

姫路市飾磨区を流れる船場川に、思案橋という名前の橋が架かっている。地名も飾磨区思案橋だ。地名由来として、その先にある遊郭に「行こか、戻ろか」と思案した、あるいは、都をめざして九州からやって来た性空上人が書写山に登るかどうか思案したなどの説がある。太宰府へ向かう道真も、このまま海路を行くか陸路を行くかと迷ったと伝えられ、橋のたもとに道真の銅像が置かれている。

さて、この道真像は衣冠束帯を着けた堂々とした姿の座像なのだが、その敷物が少し変わっている。船で用いる綱なのだ。今は埋め立てられて海岸から遠くなっているが、昔このあたりは津田の細江の西に当たり、深い入り江になっていた。太宰府左遷の道すがら、道真はこの地に上陸して休息を取ろうとしたという。

ところが、腰を下ろそうにも、あいにく敷物が見当たらない。気の毒に思った船夫たちは、考えた末に船のとも綱を渦巻き型に巻いて即席の円座を作り上げた。そして、そ

の上に道真を座らせたとか。この地は、「菅公小憩伝説地」として、大正時代に史蹟保存地に指定された。また、「津田宮」「綱敷天神」と俗称される津田天満神社の御旅所となっており、秋祭りには氏子たちの屋台でにぎわう。

座像の表情は、やや厳しい。綱で作った円座の、ごつごつとした座り心地に落魄《らくはく》の身を思い知らされたのではないだろうか。船夫たちの思いやりに感謝しつつも、宮廷を追われた無念を改めてかみしめていたのかもしれない。綱敷天神は大阪の梅田や神戸の須磨など、各地に残っている。

MEMO

津田天満神社は、飾磨区構に鎮座する。氏子は思案橋・今在家・加茂・構の四地区。社宝の「北野天神絵巻」は永仁六年（一二九八）作で、国の重要文化財。もと酒器だったとされる太鼓一対には嘉吉元年（一四四一）の銘があり、市の指定文化財。

菅家栄えて榊も茂る
——地面にさした杖が青々と

姫路市飾磨区加茂
▼地図A55

思案橋の北に位置する飾磨区加茂に、「菅公遺跡榊塚」と刻まれた石碑が立っている。かつては大きな塚で榊も多く茂っていたと、『飾磨郡誌』は記す。飾磨区の天神さんにまつわる伝説の最後に、この塚の話を紹介しておきたい。

伝説によれば、太宰府へ向かう途中、津田の細江に上陸した菅原道真は、四丁ほど川上に祀られた加茂明神、現在の加茂神社にまず参詣した。『兵庫県神社誌』には、道真は神主宅に滞在し、綱を敷いて座る自分の姿を刻み、自画像を描いたという話が載っている。残念ながら、その自刻像や自画像は伝わっていない。

さて、出発のとき、道真は榊の木で作った杖を地面に突きさした。そして、「わが家（菅原家）が昌《さか》えるときには必ず茂るべし」と言ったという。「菅原家が子々孫々栄えるならば、榊よ、茂ってくれ」という意味の言葉だ。榊が茂るかどうかで神意を占ったわけだが、そこには道真の願いが強く込められていた。

さて、道真が船出して数日たつと、その杖から青々と葉が茂る。神様は、道真の無実をよくご存じだったのだ。この奇瑞を知った人々は、争って霊験あらたかなその榊の葉を求めた。ありがたい榊の葉がどんどんなくなっていくのを見て、神主は木が枯れることを恐れたそうだ。そこで、根元に土を盛り、石を敷きつめて塚を築いた。それが榊塚なのだと伝えられる。

なお、津田天満神社には、昭和の初めまで伝説にちなむ「榊配り」という神事があった。神様が出雲から帰ってくる十二月二十五日、神主が神前に榊の枝を供え、「神様のお土産」として氏子に榊を配る神事。翌年一月十五日に小豆粥を炊くとき、この榊を一緒に燃やしたという。枝が大きいと、豊作になると喜ばれた。

MEMO
榊塚は、飾磨区加茂に鎮座する加茂神社の南にある。同社は赤松満祐が上賀茂神社の分霊を勧請して姫路市岡田に祀ったが、大洪水で現在地まで流されたと伝えられる。

英賀神社のご神木

——くぐり抜けた雷雨、兵火

姫路市飾磨区英賀宮町▼地図A56

『播磨国風土記』の飾磨郡英賀里、現在の飾磨区英賀各町の氏神様は英賀神社だ。祭神は、英賀里の名前由来でもある「阿（英）賀彦」「阿（英）賀比売」という男女二柱の神。この二神は、播磨の国の神、伊和大神の「み子」、つまり、子どもとされている。

同社の境内に、昭和十一年に天然記念物に指定された「竹柏の木」がある。祭神である英賀彦神・英賀姫神の「影向《えうご》の竹柏《なぎ》」といわれ、ご神木としてあつく信仰されてきた。英賀神社のナギの木は樹齢千年以上とされる巨木だったが、残念ながら昭和三十年代に枯れ、

今はその横に二代目が茂っている。一般に英賀彦神・英賀姫神は夫婦の神とされ、人々はご神木のナギの落ち葉を拾って夫婦和合のお守りとしたとか。

さて、応永のころというから、今から六百年ほど前、このあたりが大変な雷雨に見舞われた。神社の社殿にも、今にも雷が落ちそうになったという。ところが、不思議なことに雷は社殿には落ちず、ご神木のナギの木に落ちた。ナギの木の根元や、幹の空洞の中には、そのときについた「雷の頭」「雷の爪の跡」などと言い伝えられる奇妙な箇所が残っている。どうやら、落雷とともに現れる妖怪「雷獣」が、ご神木に傷を付けたと信じられていたらしい。

それでも、英賀神社のナギの木は燃えず、秀吉による天正時代の兵火も無事くぐり抜けた。今も、巫女がナギの葉を打ち振って病魔を祓う「なぎ祭り」が続いている。ナギの木は「凪」に通じ、船乗りたちに信仰された。神社前の「たい（田井とも）の浜」の漁夫たちも、必ずこの葉を頂いて船出したと伝えられる。

MEMO 英賀神社は、飾磨区英賀宮町に鎮座。国の重要文化財の梵鐘、県指定の天神縁起絵巻の他、江戸時代の石造品が多く残されている。また、神社の裏に英賀城の土塁が残る。司馬遼太郎の『播磨灘物語』碑があることでも有名。

明蓮寺の開基
——お江ゆかりの伝承

姫路市飾磨区英賀西町
▼地図A57

昔、飾磨区の西、広畑には正月の朝に祝いをしない家があったという。元旦の朝祝いをしようとしたとき、秀吉が攻めてきたからと伝えられている。有名な天正八年（一五八〇）に行われた秀吉の播磨攻めを背景に生まれた「餅なし正月」の伝説だ。

英賀は交通の要地として古くから栄え、播磨国守護の赤松氏も守護代を置くなど重視し、後に三木氏が城を築いて城下町を整備した。そして、「英賀御堂《あがみどう》（本徳寺）」が建立され、播磨の一向宗の拠点となり、多くの一向宗寺院が立ち並んだ。今も残るのは明蓮寺のみだが、同寺は尼妙蓮が開基したため「妙蓮寺」

と号し、後に「明蓮寺」と改名したとされる。

その明蓮寺に、平成二十三年のＮＨＫ大河ドラマになった「お江」に関わりのある伝承が残る。お江は信長の妹、お市の方を母に持つ三姉妹の末娘だ。史実では、その父、浅井長政は織田信長に討たれ、お江たちは母とともに小谷城を落ち延びる。

ところが、英賀に残る伝説は違う。長政が信長に討たれたとき、長政の妻は息子二人を連れて播磨の飾磨津に逃れてきたというのだ。そして、長政の菩提を弔うため、長男は飾磨津円光寺の開基となる。妻は次男を連れて英賀にやって来て、その子が英賀御坊を開いた。それが妙（明）蓮寺となったと伝えられる。

史実としては長政の息子は四人いたらしいが、いずれもお市の子ではないようだ。長男は処刑されたが、次男は生き残って杵築浅井氏として続いた。英賀御坊は秀吉に攻められた後、亀山に移る。昭和三年（一九二八）、跡地に石碑が建立された。その石碑には、明応元年（一四九二）、本願寺の蓮如上人が開基したと記されている。

MEMO
明蓮寺は、飾磨区英賀西町に所在。本徳寺の旧地は、昭和十六年（一九四一）河川の付け替え工事によって夢前川の底に沈み、「英賀本徳寺趾」の石碑は明蓮寺境内に移された。

美女を背負う
——英賀城の「郎士」と狐

姫路市飾磨区井ノ口▼地図A58

英賀城には、前述したように蘆屋道満の子孫が卜占をもって城主に仕えていたらしい。その英賀城の「郎士」（侍）の話が「播陽うつ、物語」に載っている。郎士の名は、得野兵庫といった。年はまだ十八歳だったが、「大力」だったそうだ。

永正八年（一五一一）九月八日のこと、兵庫がひとりで歩いていると、美しい女が目の前に現れた。場所は、「岩之郷宝林寺」近くの墓場だったと記されている。この宝林寺は、現在姫路市井ノ口にある法輪寺のことだろう。海に近い英賀の地から山沿いの井ノ口へ、どんな用があって出かけたかは記されていない。井ノ口には、江戸時代に船場別院本徳寺の廟所が設けられた。

さて、若侍の兵庫は、この美女に「ぜひ負ぶっておくれ」と頼まれる。女が美しかったせいか、根が親切な若者だったのか、兵庫はその女を背負ってやった。ところが、見かけによらず、その女の重いこと重いこと。米二俵ほどの重さというから、尋常でない。

兵庫は、とっさに「怪しい奴」とばかり切りつけた。すると、女の姿はぱっと消え失せ、兵庫は後ろ向きにどうっと倒れてしまう。起き上がって見ると、兵庫が切ったのは松の木だった。以来、その刀は「きもの（木物）切り」と呼ばれたそうだ。

美女に化けていたのは、「おはれ狐」という狐だった。数百歳の古狐で、不思議な話が多くあったと記されている。井ノ口の南、苫編の山に「黒ひげ天狗」と呼ばれる妖狐がいたが、おはれ狐はその娘狐だとか。

この近くには、英賀西の「農人」八郎太夫は僧玄峰と狐との間に生まれた男子の子どもだったという話も伝わっている。英賀城あたりにも、いろんな狐がいたようだ。

MEMO

井ノ口の船場別院本徳寺廟所は「東の御山」と通称され、本堂の改築で手狭になったため宝永七年（一七一〇）姫路藩主榊原政邦の寄進を得て移されたものという。

湯沢山茶くれん寺

――戯れに別名付けた秀吉

姫路市井ノ口▼地図A59

「おはれ狐」が現れたという姫路市井ノ口の法輪寺は、平安時代に建立された海石山晦蓮《かいれん》寺という天台宗寺院で、後に赤松則祐が禅宗宝林寺と改名したとされる。江戸時代になって仏日山法輪寺となったのだが、一風変わった別称で親しまれている。その名前の由来を紹介したい。

羽柴秀吉が、英賀城攻めを行ったときのことだ。英賀城に近い法輪寺では、きっと秀吉が立ち寄るに違いないと考えた。天下人、織田信長の重臣である秀吉を疎略には扱えない。お茶を差し上げようと、寺僧は大きな鑵子（湯釜）に湯を沸かしておいた。そこへ、秀吉がやって来たのだが、身分の低い平侍の姿だったため、寺僧は茶を所望されたのに断ってしまう。寺僧に「これは秀吉様のためのもの」と言われて、秀吉は大笑いした。自分がその秀吉だと名乗ったから、寺の者や庄屋たちが驚きあわてて早速お茶を差し上げた。秀吉は茶を味わいつつ、戯れに寺を「湯沢山茶くれん寺」と名付けた。以来その名の方が有名になったとか。

このとき、秀吉は庄屋を武士に取り立てようと申し出たが、庄屋は「百姓の方がよい」と断ってしまう。「では高十石を遣わそう」と言われると、「十石もらうと殿様に奉公しなければならない」と言って九石九斗九升九合を賜ったと伝えられている。

京都市上京区の浄土院は、北野天満宮の茶会に向かう秀吉が立ち寄ったとき、茶を所望された住職が白湯を出し続けて「湯沢山茶くれん寺」と呼ばれたという。はたして、播磨の「湯沢山茶くれん寺」との関係はいかに。

MEMO 仏日山法輪寺は、臨済宗妙心寺派寺院。本尊の薬師如来は行基作と伝えられる。寛文年間（一六六一～七三）京都の妙心寺から入った仁岳景寛が堂宇を再建した。

©ドウノヨシノブ

荒川神社の由来
――川の氾濫が関係する？

姫路市井ノ口▼地図A60

法輪寺のある井ノ口に鎮座するのは、「小芋祭り」と親しまれる秋祭りで有名な荒川神社だ。階段登りなど屋台練りの多彩な見せ場があるが、拝殿から馬場で練る屋台を見ると小芋を洗うようだというのが、俗称の由来だという。

さて、『兵庫県神社誌』は、同社の由緒を次のように記している。創立は不明だが、高倉天皇の時代、平清盛が信仰していた。手柄山の西麓に鎮座していたが、後に姫路市町ノ坪に遷座する。その後、赤松満祐《みつすけ》が山城国岡田郷加茂神社から分霊を迎えて併せ祀り、十五世紀の半ばに紀伊国荒川庄から手置帆負命《たおきほおい》・彦左知命《ひこさしり》を迎えた。英賀城主も崇敬した神社で、天文二年（一五三三）に現在地に遷座したとされる。また、もとは加茂明神と称し、津田郷加茂にあったのだとも伝えられる。

中世は荒川大明神と称したといい、それは南に大河が流れていたことに由来するそうだ。大河は荒れる川だった。永享四年（一四三二）、洪水が起こって神社は飾磨区加茂

のあたりまで流されてしまう。他の記録には、津田郷琴弾（飾磨区）から、あるいは賀茂村（飾磨区）から、または岡田から洪水で現在地に流れ着いたとある。どの伝承も洪水と結びつけて、荒川神社の由緒を語っている。水と縁の深い神社だったのだろう。祭神にも水を司る女神、水波能女《みずはめ》命を祀っている。

こうした神社の由緒は、このあたりが夢前川旧流路の氾濫平野に当たることが背景となっている。荒れる川を鎮めてほしいという村人たちの切実な願いが、荒川神社の社名にも反映しているようだ。

MEMO 同社には宮相撲の名残、天保七年（一八三六）の相撲図絵馬が残されている。手洗石は享保八年（一七二三）、額は「姫路三山」の一人、亀山雲平の書。近くの八反長遺跡は自然流路が残り、護岸工事の跡、湿田で用いる用具、丸木船が出土した。

夢前川の河童

——命救われた礼に魚持参

姫路市蒲田▼地図A61

荒川神社が夢前川の氾濫の歴史と深くかかわることを前述した。井ノ口の西、蒲田地区には、水神様が零落した姿ともいわれる河童の話がある。大正五年（一九一六）の「鷺城新聞」に載った、「河童の証文」の話だ。「今を去る七十年程以前の事」とあるから、幕末のころに起きたことらしい。

舞台は西蒲田村と字下野との中ほどにあった「笹の下」という場所で、二つの用水路が合流する地点だった。そこには昔から河童が出ると言い伝えがあり、川遊びに適した場所であるのに泳ぐ子どもはいなかったそうだ。ある日、近くの百姓が笹の下のあたりに牛を放して

©ドウノヨシノブ

家に帰った。すると、大きな河童が現われて、牛を川に引き込もうとした。ところが、牛の縄がからまり、河童は逆に牛に引き摺られ、百姓の家まで連れて行かれてしまう。

さて、妙な鳴き声が聞こえると百姓が厩を覗くと、乾の隅、つまり、北西の隅に河童がいるではないか。みなで打ち殺そうとしたが、河童は必死に命乞いした。この家の子どもが川遊びをしても孫子の代まで決して悪さはしないと誓ったそうだ。そこで、百姓が「命を助けてやるから詫状を書け」と言うと、河童は詫状を書いて嬉しそうに帰って行ったとか。

その日の夜中、百姓の家の戸をしきりに叩く者があった。出てみると、あの河童が立っている。ナマズやら、ウナギやら川雑魚をお礼に持ってきたというから、なかなか義理堅い。それからというもの、河童が川で悪さを働くこともなくなった。某家に今も河童の詫状があるそうだと、新聞記事は結んでいる。残念ながら、現在は詫状の所在は不明だ。

MEMO

夢前川の上流、夢前町前之庄の「穴ヶ渕《あなんぶち》」にも同様の河童伝説がある。岡村の関家という旧家で、河童は伝えた「乳養散」という薬を昭和の初めまで分けていたという。穴ヶ渕には六字名号を刻んだ岩があるとされる。

玉手長者の財宝

――埋めた場所のヒントは歌に

姫路市玉手▼地図A62

荒川神社の氏子のひとつ、玉手は昔「玉代」と書いたという伝承がある。「アガツ彦」という豪族が娘の罪を許してもらうために宝玉を天皇に差し出し、田の税まで免除してもらったという古事に因む名前だ。アガツ彦は、『日本書紀』に登場する播磨佐伯直阿俄能胡《あがのこ》が変じたものとされる。

その玉手の「東五反」という場所に、「千両塚」と呼ばれる塚があった。天正時代の書、「近村めぐり一歩記」は、東五反に玉手長者という長者の屋敷があって、千両塚はその屋敷にあったと記している。玉手長者が屋敷のどこかに財宝を埋めたという言い伝えがあり、千両塚と呼ばれるようになったのだろう。玉手長者の財産隠しをしたのか、大切な財産を子孫に伝えるための安全策だったのか、事情は定かではない。

玉手長者はどこに財宝を埋めたのか、千両塚の場所は人々の関心の的だったようだ。宝の地図はないものの、ヒントとなる歌が語り伝えられている。「朝日さす此下かげの心見よ金千両」、または、「朝日さす此下陰に心さしこがね千両銭は万ひき」という歌だ。「此下」は「木の下」で、木に朝日が当たったときに影ができる場所に黄金が千両、銭もたくさん埋められているという意味だろう。

「朝日さす」「夕日さす」という言葉は長者伝説ではなじみ深く、『播磨国風土記』の逸文には朝日がさすと淡路島まで、夕日がさすと大和の国まで陰ができた巨木が登場する。さて、玉手に埋蔵金はありやなしや。地元では、「水守地蔵」とも呼ばれる玉手地蔵はもと千両塚のそばにあったお地蔵さんだと伝えられている。

MEMO 今、玉手地蔵は玉手の大歳神社近くに安置されている。その北に、英賀城攻めで落城した町坪構居跡があり、出土した石塔群が並び「町坪構居跡五輪塚」の石碑が立つ。

苫編《とまみ》の地名由来

——雨露除け、苫の活用起源

姫路市苫編▼地図A63

　中世、姫路市町坪の西、苫編には、武士の居館である構居があった。『播磨鑑』は、構居の主を「服田斎アガ（英賀）ノ家臣」、または、「頓坊大学《とんぼうだいがく》」とする。この苫編の地名由来が、「播州村名故事記」に載っている。

　同書によれば、苫編は、昔「苫道」だった。多田満仲が西国に下向してきたとき、苫を集めたことから名付けられたそうだ。満仲が播磨のこのあたりを訪れたかどうかは定かでないが、伊予国の国司を拝命したことはある。苫はスゲやカヤを粗く編んだムシロを意味し、船や家を覆って雨露除けに用いた。

　伝説では、播磨の国司平井保昌と飾磨郡の西部を治める巨智延広《おちのぶひろ》が満仲を出迎える。苫を集めたのはこの二人ということだろう。満仲は源満仲、平安中期に活躍した武将で、二度国司を務めた摂津国の多田盆地（大阪府川西市）に土着した。清和源氏の基を築いた武将で、鎮守府将軍に任じられている。保昌は藤原保昌、やはり摂津国の国司を務めた同時代

©ドウノヨシノブ

の人だ。多田庄平井里に住んだとされる。総社の鬼石の伝説にも登場したが、保昌が播磨国司になった記録はない。性空上人と縁の深い和泉式部の再婚相手だったことは前に記した。

苫編の地名については、中世、赤松氏と三木氏が兵船の苫を編んだことに由来するという説もある。永享十二年（一四四〇）、嘉吉の乱の前年に起きた結城合戦が背景になっており、赤松・三木両家は千艘もの兵船を集め、播磨灘の守りを固めたとか。

なお、『播磨鑑』には、勝原区熊見の地名由来として、満仲が大きな熊に出会った話が載っている。どことなくのどかで微笑ましいエピソードだ。なお、大江山の鬼退治で知られる源頼光は、満仲の息子である。

MEMO

氏神の苫道国主《とまみちくにぬし》神社の社名に、苫道の古名が残る。社殿は宝永四年（一七〇七）の改築。『播磨国風土記』讃容（佐用）郡中川里の条に、神功皇后のために苫を編んだ「苫編首」の話が出ている。

蒲田の狐

——石や美女に化け、人に災厄

姫路市広畑区蒲田▼地図A64

かつての苫編村に隣接して、東蒲田村、下蒲田村、西蒲田村と続く。「近村めぐり一歩記」に、このあたりのことが載っている。今でいう史蹟がいろいろあったのだ。たとえば、昔は蒲田寺の稚児の住まいだったという法主塚、小てうが塚。蒲田寺は、現在の摩尼宝山誓福寺とされる。北の山に残っているという石薬師に、木を刻んだ観音さん。蒲田神社の近くには、「遊女の跡」の井筒跡があった。

そして、狐も度々化けて出ていたらしい。稚児ヶ淵の北にある山の上にある「人取石」も、狐が化けたものだったとか。稚児ヶ淵は才村（広畑区才）の渡し場から夢前川

を少しさかのぼったあたりにあった淵で、蒲田寺の伝密という僧と白藤という稚児が身を投げたという。川向こうの才村には、提灯の中で踊る「踊り提灯」と呼ばれる、住竹次郎という狐がいた。

さて、大永二年（一五二二）のこと、人取石の近くに、「大江の玄峰」という僧侶が住んでいた。蒲田寺の僧かどうかは記していない。この玄峰が、狐と夫婦になったという。人取石に化ける狐が、今度は美女に化けて玄峰を誘ったのだろうか。

しかし、女狐がこの僧侶を見初めた、というようなロマンチックな話ではない。狐は夫婦になった後、玄峰を食い殺してしまったそうだ。そして、その三年後に男の子を産んで姿を消した。この男の子が無事に育って、子孫を残す。英賀西に住む八郎太夫という「農人」がこの狐の孫だと記されている。安倍晴明も狐の子といわれ、それゆえに不思議な力があったと信じられた。八郎太夫には、どんな霊力が備わっていたのだろうか。

MEMO

氏神の蒲田神社は旧東蒲田村、姫路市広畑区蒲田に鎮座する。祭神は誉田別《ほんだわけ》命、つまり、応神天皇。蒲田はもと「発田」といい、「ほんだ」が転訛したという。南に位置する旧下蒲田村の大歳神社が元宮の地と伝えられている。

才《さい》の犬塚

——魔物を倒した犬に感謝

姫路市広畑区才▼地図A65

八幡校区の西、夢前川の右岸に位置する広畑区才は、かつて「英賀才村」といい、「英賀西村」とも書いた。夢前川の西側だから「西」、それが「才」になったのではという説がある。

この才地区に、犬塚と刻まれた石が残っている。『ひょうごの民話』（二〇一二年、兵庫県学校厚生会）に載っている、この犬塚にまつわる話を紹介したい。

昔、才村の西の山麓に昼なお暗い森があった。この森には、正体の知れぬ魔性のものが潜んでいたそうだ。この魔物は毎年娘を差し出さなければ荒れ狂い、村に災害をもたらした。人身御供の娘を出すことを止めたところ、

夢前川が氾濫して村が水浸しになってしまったこともあったという。

あるとき、円教寺の開祖、性空上人がこの話を聞き、村人を救おうと犬をお供に村にやってきた。上人は、魔物のすむ森で一心に祈祷を始める。三日目の夜のこと、森がざわめき、あたりはただならぬ様子に一変した。それでもなお上人が祈祷を続けていると、魔物が襲いかかってきた。そのとたん、傍らの犬が魔物に飛びかかり、激しい争いとなる。死闘の末、上人の犬は魔物を倒したが、犬自身も命を落としてしまう。村人は魔物を退治した犬に感謝し、その亡骸を手厚く葬った。それが、才村にある犬塚だと伝えられる。

実は、犬塚にはもうひとつ伝説がある。それによると、才は性空上人の生まれ故郷だった。そのため円教寺の別院が建てられ、書写山との間でさかんに書状がやりとりされた。上人の飼い犬は大変かしこい犬で、その書状を運ぶ役目を果たした。その犬がなくなると、その功績をたたえるために碑が建てられた。つまり、犬塚はその犬の顕彰碑というわけだ。忠犬という点は、どちらの伝説にも共通している。

MEMO 犬塚はもと字「大塚」にあったが、今は室津街道沿いにある天保九年（一八三八）の道標の西に所在。別院は、現在の広畑区則直にある慶雲山満乗寺と伝えられる。才地区は鬼追いで鏡餅などを奉納するなど、円教寺と深い関わりを持つ。

銭墓の話

——名僧が埋めたお礼の銭

姫路市広畑区才▼地図A66

犬塚があった字大塚の「大」は、「犬」の点が欠けたのだという。才地区には、他にも字別当に別当塚、字大将軍に大将軍塚があった。『才村の歴史』（井上完爾著、昭和三十三年刊）によると、いずれも室津街道沿いの田の中にあったらしい。今は石のみの犬塚も、かつては名前の通り塚だったといい、昭和初年まで塚の上に一本松があったとか。

さて、かつて才天満神社の裏にも「銭墓」というものがあった。才に住む友人が村の古老から聞いたという、西之山随応寺の和尚さんにまつわる話だ。あるとき、随応寺の和尚さんが大坂の廻船問屋のお嬢さんの眼病を治してあげた。法力を持つ名僧だったのか、医術の心得があったのか、その評判を聞いて大坂の大店の主人が頼み込んだのだろう。ともかく和尚さんのおかげで娘の目が治ったというので、廻船問屋の主人は大いに喜んだ。お礼にと「七荷片馬」の銭を和尚さんにプレゼントする。

「七荷片」の意味ははっきりしないが、七つと半分の意味ではないかという。つまり、七頭の馬の背に銭を詰めた二つの俵を振り分けて載せ、八頭目の馬には銭俵一つ積んだというわけだ。ところが、さすが名僧というべきか、和尚さんはその銭を受け取ろうとしない。廻船問屋の方も「そうですか」と持って帰るわけにはいかないから、七荷片の銭をそのまま置いて帰った。

困った和尚さんは、その銭俵を神社の裏山に埋めてしまう。銭俵を埋めた場所は「銭墓」と呼ばれるようになったとか。残念ながら、銭墓がどこにあったのか、全くわからないそうだ。

随応寺は、才天満神社の西に所在している。

MEMO

随応寺は臨済宗妙心寺派、貞享三年（一六八六）に盤珪国師を請じて創立。本尊は聖観音、伝慈覚大師作の薬師像がある。才天満神社の宮山には「割れ岩」という磐坐らしき岩があり、尾根上には前方後方墳が存在する。

才村の「泣き坂」

——英賀城陥落に城主が涙

姫路市広畑区才▼地図A67

　随応寺を再興したのは、才村の四代目庄屋、井上弥兵衛という人物とされる。さまざまな伝承を持つ寺の起源は、元和のころ「賢蔵主《けんぞうす》」という僧がこの地に結んだ庵だった。廃れてしまった庵を、弥兵衛が盤珪国師を招いて寺として開いたという。彼が寺を建てた背景には、天正八年（一五八〇）の英賀城の落城があった。

　同寺の墓地に、「井上出雲守盛貞」という人物の供養碑が立っている。盛貞は、英賀城が落城した後に自刃したと伝えられる武将だ。弥兵衛はその子孫にあたる。盛貞の法号は「随応院殿興屋道盛大居士」、つまり、随応寺という寺号は弥兵衛が自分の先祖の法号から名付けたものだった。

『才村の歴史』によれば、英賀城が落ちるとき、城主はかろうじて囲みを破って脱出したそうだ。わずかな従者とともに、西（才）村の山を越して西国街道に出たという。そして、筑紫の国にいる縁者を頼って落ち延びていった。このとき、坂の上から燃え上がる英賀城が見えた。城主一行は、その光景を見て涙にむせんだ。それ以来、この坂を「泣き坂」と呼ぶようになったとか。

その後、弥兵衛の家は、才の村に残って百姓となる。弥兵衛の祖先は自刃して果てた出雲守盛貞を供養したいと願ったが、まだ秀吉の時代、敵方だった盛貞を表だって供養することはできなかった。その位牌を寺に祀ったのも、徳川の世になってからだったと伝えられている。供養碑も、今はすぐ目に入る場所にあるが、明治の末まで山中に目立たぬように立っていたらしい。戦国時代の幕を閉じる英賀城の戦い、その記憶は才村の地にも色濃く残っている。

MEMO

随応寺には五輪塔を含む墓石が立ち並び、その境内は中世の才城跡とされる。『播磨鑑』は「英賀郷才村領主は才伊三郎」で、置塩城主の弟としている。伊三郎は赤松晴政の子とされる。別項では、才村城主を「横野四郎左衛門」とする。

広村大字広畑の起源

——英賀城の落人、住み着く

姫路市広畑区▼地図A68

姫路市の「区」は、昭和二十一年（一九四六）の市町村合併にともなって生まれたものだ。そのひとつ、広畑区はもと広畑町といった。昭和十六年（一九四一）、広村と八幡村が合併してできた町だ。その広村は、広畑・小坂という二つの大字からなっていた。

そのうち、広畑は、秀吉に滅ぼされた英賀城の落人が住み着いたという伝承を持つ。大谷某という武将が家来を連れてこの地に落ち延び、家を建てて居住したという。つまり、出発点は落人部落だったというわけだ。その後、西南五、六丁の海辺にあった高浜という村の人々が居住してきた。よい飲み水を求めて移ってきたと伝えられている。高浜はかつての寄洲が発達してできた砂浜とされるから、飲み水に不自由していたのだろう。『飾磨郡誌』によれば、「高浜」という字名が畑地に残っていた。高浜からの移住者がまず住みついた場所かもしれない。『播磨鑑』に「広畑構居」の領主が赤松家臣とあることから、『飾磨郡誌』は英賀城落城以前に村があった可能性を記す。

もう一つの大字、小坂は、今は姿を消した高尾山という小さな山の東西に村があった。ある年、凶作に見舞われ、村人全員が逃散してしまう。ところが、一人の村人が釜を忘れてきたことに気づく。釜に取りに戻った村人は結局そのまま村に残り、その村人によって小坂の村は再興されたと伝えられている。

なお、広村という村名は、明治二十九年（一八九六）にできた。それ以前は「高浜村」だった。ただし、高浜村も成立は同二十二年（一八八九）、市川本流と野田川に通じる分流の間に形成された三角州にできた村々が合併して生まれた明治の村だ。江戸時代は、飾西郡に属した。

MEMO 広畑の氏神は廣畑天満神社で、広畑区北野町に鎮座。祖父の代までこの地に住んでいたことから、境内に司馬遼太郎の文学碑がある。小坂の氏神は菅原神社、境内に力石、郡境石が保存されている。神社の南は御用米蔵跡。

「ウスキ」という地名
——子を落とした動揺

姫路市網干区宮内▼地図A69

姫路市網干《あぼし》区は、揖保川と大津茂《おおつも》川に挟まれた河口部分に位置する。戦前まで揖保郡に属しており、『播磨国風土記』では揖保郡石海《いわみ》里にこの地の伝説が記されている。

さて、神功皇后が「韓国《からくに》」を治めようとして、朝鮮半島目指して出発したときのことだ。皇后の乗った船が、「宇頭川《うずがわ》の泊」に停泊した。この港は現在の揖保川の河口付近、余部区上河原あたりにあったとされる。皇后一行はここから「伊都《いつ》」、たつの市御津町の方へ向かおうとした。すると、たちまち激しい向かい風に襲われ、海上を進むことができなくなる。仕方なく船を陸に引き上げ、「船越」という所から陸路で船を運ぶことにした。船越は、御津町新舞子の北のあたりとされる。それでも、船の運搬ははかどらず、周囲の村からさらに人を呼び集め、大勢に皇后の船を引かせたという。

このとき、一人の女が港にやって来て働かされている男に自分の子どもを「上《たてまつ》らむ」としたそうだ。子どもを渡そうとしたのか、見せようとしたのか、その真意ははっきりしない。ところが、あろうことか、子どもを海に落としてしまう。だから、その港を「宇須伎《うすき》」と名付けたと風土記は記す。そして、この言葉は今の「伊須須久《いすすく》」に当たると註を付けている。イススクは、『古事記』などにある言葉で、驚きあわてる様子を示す。

愛するわが子を海に落とした女があわてふためいたので、その海を「宇須伎津《うすきつ》」と名付けたわけだ。この宇須伎の遺称地が、播州最大の氏子数を誇る「津の宮」、魚吹《うすき》八幡神社とされる。

MEMO 魚吹八幡神社は、姫路市網干区宮内に鎮座。氏子二十四地区による祭礼絵巻が繰り広げられる十月の秋祭りは、姫路市の無形民俗文化財。江戸時代前期に再建された本殿も市の指定文化財。

©ドウノヨシノブ

魚吹《うすき》八幡神社の起こり

——魚が砂を吹き寄せた聖地

姫路市網干区宮内▼地図A70

魚吹八幡神社の祭神は、品陀和気命《ほんだわけ》・息長《おきなが》足《たらし》比売《ひめ》命・玉依《たまより》比売《ひめ》命。品陀和気命は応神天皇、息長足比売命はその母、神功皇后のこと。玉依比売命は、記紀神話に登場する女神だ。同社の起こりはこんな風に伝えられている。

朝鮮半島からの帰路、神功皇后の船が嵐に遭ったそうだ。このとき、亡き夫仲哀天皇の子、忍熊《おしくま》王が反乱を起こしており、皇后は先を急いでいた。ところが、海が荒れて、皇后の船は宇須伎津《うすきつ》に停泊せざるを得なかった。

その夜のこと、皇后は夢を見る。そして、「海中の清らかな土地に、国常立《くにのとこたち》命・

伊弉諾尊《いざなぎ》・伊弉冉尊《いざなみ》を祀るように」というご神託を受けた。国常立命は、天地開闢《かいびゃく》のときに現れた古い神だ。さて、このご神託が下ると、たちまち大魚数千匹が出現する。魚たちは白砂を口に含んで運び、ある場所に来ると吐き出した。こうして、魚たちが白砂を一所に吹き集め、深い海に一夜にして清浄な平地ができあがった。

これが「魚吹敷島」の地で、この不思議に感激した神功皇后はさっそく数千本の杖を作らせて、人々にその杖で地面をつき固めさせ、社殿を建てて祭りを行った。すると、海は静まり、無事に船出することができ、忍熊王の反乱も鎮めることができたとか。記紀伝説には、海を渡る皇后の船を無数の魚が背に乗せて運んだという話が記されている。魚吹八幡神社の由緒は、古い神宮皇后伝説を背景に語られているようだ。

魚吹敷島では、仁徳天皇の時代、社殿の前にたくさんの白い鳩が集まる不思議も起きた。夢で応神天皇のお告げがあり、魚吹敷島に品陀和気命・息長足比売命・玉依比売命を正殿に、国常立命・伊弉諾尊・伊弉冉尊を脇殿に祀って「敷島社」としたという。

MEMO 魚吹八幡神社摂社の敷島神社本殿は、県の指定文化財。この伝承にちなむ神事が、元旦に行われる「千本突き」。播磨の代表的な鬼追いの一つ、五匹の鬼が舞う三月の「武神祭」は、福州から攻めてきた賊を退治した故事にちなむ。

網干音頭の長太郎さん
――竹の切り株でけが

姫路市網干区余子浜《よこはま》▼地図A71

網干の盆踊り唄といえば、「網干垣内《かいち》の長太郎さんは」で始まる網干音頭だ。音頭に歌われた長太郎ゆかりの石が、今も垣内地区の路上に残っている。長太郎さんとは、いったいどんな人物だったのだろうか。古い時代の長者だった、いや、中世の戦乱の中で亡くなったこのあたりの領主だったと、さまざまな説が伝えられている。長太郎さんの正体は今も謎に包まれているが、網干音頭に歌われているのは、こんな物語だ。

あるとき、馬に乗ろうとした長太郎さんが落馬してしまった。運悪く落ちた所に竹の切り株があり、長太郎さんはその切り株で手を突いてしまう。村人たちは、「医者を呼ばねば」「どこの名医を呼ぼうか」と大騒ぎする。ところが、長太郎さんは少しもあわてない。「医者は呼ばなくてよい」と言い、やってきたのは「谷の喜助」の家だった。そこで長太郎さんは薬をもらい、喜助の家から帰る道々なぜか小石を拾う。長太郎さんはその小石を砂で磨き、ヤスリをかけ、紙に包んで大切に袂《たもと》にしまったそ

うだ。すると、「姉さ」がふくらんだ袂を見て金が入っていると思い、長太郎さんに帯をねだったと音頭は結ばれている。姉さとは奥さんだろうか、どこかの店のなじみの女性だろうか。怪我をしたというのにわざわざ女性をからかって楽しむ、長太郎さんはなかなかしゃれっ気たっぷりな人物だったらしい。

おもしろいのは、長太郎さんが竹で怪我をしたことから、垣内では家に竹を植えてはいけないというタブーが生まれたことだ。近年でも、迷信と笑って竹を植えた家に災いが起きたという話があるとか。明治まで、烏帽子《えぼし》をかぶって長刀を持つ、お供を連れた長太郎さんの絵姿が旧家に残されていたと伝えられる。

MEMO 垣内地区の氏神、武大神社は網干区余子浜字長太郎に鎮座。境内に「長太郎之追慕碑」、「網干音頭発祥の地」の標石が立つ。八月に長太郎祭りが行われる。同地区には、江戸時代の漢詩人河野鉄兜の生家がある。

津市場の火祭り
——沖に揚がる不知火消す

姫路市網干区津市場▼地図A72

網干地区からたつの市御津町にかけての村々では、かつて盆の火祭りが盛んだった。今も太子町原の松明や勝原区朝日谷で継承されている火揚《あ》げは、その代表的なものだ。網干の三偉人の一人に数えられる貞閑尼は、自伝の中にこの地方の火揚げのことを書き残しており、その中に網干区津市場の「なけたい松（投松明）」のことも記されている。貞閑尼の俗名は田捨女《でんすてじょ》、「雪の朝二の字二の字の下駄の跡」の句で知られる、元禄の四俳女の一人だ。この盆の火祭りは「ほうでん」「梵天」「保天武」「柱松」などとも呼ばれるが、津市場の火揚げは氏神の稲荷神社境内で旧暦七月十六日の夜行われていた。その由来が、昭和十一〜二十三年（一九三六〜四八）にかけての調査をまとめた『津市場民土歴考誌』に記されている。

それによれば、昔、村の沖合に毎晩不知火《しらぬい》が揚がるという怪現象が起きた。村人たちは誰かの亡霊の仕業ではないかと恐れおののき、現在の大覚寺、当時光接院といった寺の和尚に施餓鬼供養を依頼する。和尚が三日三晩にわたる盛大な供養を行ったところ、不知火は消え、村人も網干の港に出入りする船人たちもほっと胸をなで下ろしたとか。

しかし、不知火が現れるという怪しい出来事が起きたのだ。後々なにか災難に見舞われるようなことがあっては大変と、海神様を祀る神事を執行することになった。それ以来、毎年盆の十六日に不知火にちなむ火揚げの行事を村人総出で行うのだと伝えられている。

津市場の火揚げはこの近辺でもっとも規模が大きかったといい、丸亀藩が作成した『西讃府志』にも記述がある。この地域は江戸時代、丸亀藩領に属した。

MEMO

稲荷神社には、元治元年（一八六四）「火揚げ図絵馬」が奉納されている。貞閑尼は丹波市柏原町生まれだが、後述する盤珪《ばんけい》和尚の弟子となり網干で没した。元禄元年（一六八八）に開いた不徹庵は、不徹寺として姫路市網干区浜田南町に所在。

大覚寺山号の由来
——白鶴から教わった霊地

姫路市網干区興浜《おきはま》▼地図A73

火揚げの伝説に登場し、沖に浮かぶ不知火を鎮めたのは、大覚寺の和尚さんだった。網干の浜に流れ着いたという、法道仙人の鉄鉢を伝えている寺だ。同寺には、豊臣秀吉が肥前名護屋城（佐賀県）に向かう途中に一泊した記録が残っている。古くは現在地の少し北、余子浜村の字古網干《ふるあぼし》にあったといい、その始まりは釈迦堂だったと伝えられる。天福元年（一二三三）真言宗の光接院となり、現在地に移って浄土宗寺院の大覚寺となったのは弘治二年（一五五六）のこととされる。

さて、まだ鎌倉時代の天福元年、釈迦堂を開いたのは定翁隆禅上人という高僧だった。後に、空監尭浮上人の代になって、新しい堂舎を建てることを決意したそうだ。上人はふさわしい霊地を求めるため、一字書き写すごとに三度礼拝しながら写経し、霊地を示してほしいと祈った。祈祷を終えた上人が南の海を見ると、白鶴が一羽こちらに向かって飛んでくるではないか。

飛来した白鶴は、上人にある場所を示す。その場所は毎夜光り輝き、南へ紫色の瑞雲がたなびいたとか。そして、白鶴は一本の木に舞い降りる。その木とは、網干の祖神である三宝荒神社の社頭に生えていた松の木だった。上人はこれを見て、由緒ある荒神さんが仏法の守護神になってくれると大喜びする。そして、さっそく白鶴が教えてくれた場所に寺を移した。

それが今の寺地で、東西百間、南北五十間あったと伝えられている。『播磨鑑』は、白鶴ゆかりの寺であることを忘れないため、上人は山号を「鶴立山」としたと記す。

MEMO

大覚寺は網干区興浜に所在する。天文三年（一五三四）兵火にかかるが、国の重要文化財である釈迦三尊画像・十六羅漢画像をはじめ、多くの文化財を有している。江戸時代初期に建立された本堂などは、市の指定文化財。

祇園精舎《ぎおんしょうじゃ》の瓦

――西行から大石内蔵助へ

姫路市網干区浜田▼地図A74

「不生禅」を唱えた江戸時代の名僧、盤珪《ばんけい》和尚の寺として有名なのが天徳山龍門《りょうもん》寺、臨済宗妙心寺派の禅寺だ。寛文元年（一六六一）の創建で、貴賤を問わず多くの人々に崇敬された盤珪永琢《ようたく》の根本道場である。丸亀藩主京極氏と網干の豪商佐々木家を後ろ盾とした同寺には、多くの堂舎が立ち並ぶ。母妙節尼のために建立した地蔵堂には、行脚を重ねた盤珪が母に送った手紙の灰で作られた「お手紙地蔵」が祀られている。

この寺で行われる「大茶碗」の献茶会は有名だが、座禅会や写経会も盛んに行われ、「盤珪さん」の教えが今も脈々と伝えられている。その由緒については『播磨鑑』に「寺記曰《いわく》」として詳しく記されているが、末尾にこんな興味深い話が記されている。

龍門寺には、天竺《てんじく》の祇園精舎、つまり、お釈迦様が教えを説いた寺院に用いられていた瓦があった。瓦は、どういう経緯でか、日本に伝わり、なんと清盛の同僚だった佐藤義清《のりきよ》、つまり、西行法師が硯石として使っていたのだとか。その瓦が盤珪和尚に伝えられ、和尚はそれを赤穂藩浅野家の筆頭家老、大石内蔵助に与えた。西行のもとにあった瓦が和尚の手に渡ったいきさつは書かれていない。

増位山随願寺もアショカ王とのかかわりを伝えているが、仏教誕生の時代を知る瓦が日本に伝来したという話は時空を越えたスケールの大きな話だといえるだろう。

さて、『播磨鑑』によれば、問題の瓦は伊勢国の高家七左衛門の家に家宝として伝えられているのだとか。内蔵助が浪人として江戸に赴いたとき、七左衛門に与えたのではと結ばれている。二人の間柄については記されていない。

MEMO

龍門寺は、網干区浜田に所在する。県指定の木像千手観音立像をはじめ寺宝が多く、盤珪和尚の関係資料も百点余り残されている。母が住んだ義徳院（網干区浜田）は盤珪の生誕地で、境内に産湯の井戸が残る。

文覚《もんがく》ゆかりの石仏

——失意の訪問者を弔う

姫路市網干区坂上
▼地図A75

網干には、『平家物語』に登場する怪僧文覚にまつわる伝説がある。俗名は遠藤盛遠《もりとお》、北面の武士だった。人妻袈裟御前《けさごぜん》に横恋慕し、袈裟を自ら殺してしまい出家した話はよく知られている。後ろ盾であった源頼朝が没すると、佐渡に流罪となる。いったん許されて戻ったものの、再び対馬へ流罪となり、結局鎮西で波乱の生涯を閉じた。

その文覚が応保二年（一一六二）に創建したとされるのが、「文覚寺」とも称される心光山盛徳寺だ。もと長徳寺といい、中興は盤珪の弟子、蒙山《もうざん》禅師とされる。中世、このあたり一帯は福井庄に属した。文覚の求めにより、後白河法皇が神護寺へ寄進した庄園だ。そう

した関係から文覚は福井庄に派遣され、盛徳寺は同庄の政所《まんどころ》だったと伝えられる。

さて、同寺の近くに、鎌倉時代の石仏三体が残されている。「角戸《つのど》の石仏」と呼ばれており、文覚の勧めで法然上人の弟子となった角戸三郎が建立したという。伝説によれば、三郎は文覚を慕ってこの地までやって来た。ところが、文覚はすでに流刑となった後で会うことは叶わなかった。よほど文覚を崇敬していたに違いない。三郎は失意のため亡くなってしまう。三郎を哀れみ、村人たちはその菩提を弔うために石仏を建立したそうだ。この地は江戸時代の絵図に「津戸《つのど》屋敷」と記されており、古い布目瓦が出土したことから文覚寺跡ともいわれる。

ほかに、文覚の足跡として知られるのは福井庄の北にあった原池、現在の福井大池の脇にある腰掛石だ。隣の大田庄と池を巡る争いがあったことが、「神護寺文書」に残っている。文覚は政所の盛徳寺からやってきて問題の原池を視察、この石に腰掛けてひと休みしたのだろうか。

MEMO

盛徳寺は、網干区坂上に所在する。同寺には、文覚遺愛の石と自ら刻んだという文覚の修行像が伝えられている。なお、福井大池は揖保郡太子町原に所在。石のそばに、「文覚上人腰掛石」の石碑が立つ。

神功皇后の腰掛け石
――凱旋後、神楽を楽しむ

姫路市網干区余子浜▼地図A76

文覚上人の腰掛け石に続いて、魚吹八幡神社とゆかりの深い神功皇后の腰掛け石を紹介しておきたい。石が置かれているのは、揖保川沿いに位置する船渡《ふなわたり》八幡神社の境内だ。同社の南から東にかけては、かつて「堀川」と呼ばれた大きな船溜があった。明治・大正にその大部分が埋め立てられ、今の境内地となっている。船渡は、元「船戸《ふなと》」と書いたという。祭神に境を守る神、猿田彦明神が祀られており、本来は「岐《ふなと》」だったともいわれている。

さて、「若宮」とも呼ばれる船渡八幡神社は揖保川河口に位置しているが、この河口のあたりを「神楽江《かぐら》」と言ったそうだ。宇須伎津《うすきつ》に停泊した神功皇后が風波を静めようと神楽を奏した故事にちなむ。この出来事は、神功皇后が朝鮮半島へと出かけていくときのこととされる。また、一帯は「神楽丘」とも呼ばれていた。伝説によれば、新羅などとの戦いに勝利し凱旋してきた神功皇后は、再びこのあたりに船を着ける。そして、

戦勝の祝いのためだろう、またもや神楽を奏させた。そのため、神楽丘という地名が残ったとか。

船を降りた神功皇后は、そこにあった石に腰を下ろして神楽を楽しんだそうだ。その石が、船渡八幡神社に残る腰掛け石と伝えられている。どんな神楽が舞われたのだろうか。舞手はこの地の巫女だったのだろうか。少々小振りの腰掛け石を眺めつつ、風土記の時代の風景を想像する。それも伝説の楽しみ方のひとつだろう。ただ、『網干町史』に「今社後に堆積せる石を船繋《ふなつなぎ》石と唱える」という記述があることを書き添えておきたい。

MEMO

船渡八幡神社は、網干区余子浜に鎮座する。神社北に初代網干町長加藤邦太郎氏の顕彰碑が立つが、その題字は勝海舟のもの。加藤家は廻船業で財をなした豪商で、その住宅は登録有形文化財になっている。

折れた天秤棒
——四つの地名の由来

姫路市勝原区能見▼地図A77

姫路市勝原区は、下太田以外は『播磨国風土記』の飾磨郡大宅里に属した。もとは応神天皇が宮を造ったことから「大宮里」といったといい、天皇はこの里の大法《おおのり》山で大切な法令を発したという。なお、下太田は大田里に属す。

　さて、大宅里に記されているひとつの地名由来を紹介したい。ひとつといっても、「上筥《かみはこ》岡《おか》」「下筥岡」「魚戸津《なへつ》」「朸田《あふこだ》」という四つの地名ができた話である。

　宇治の天皇の御世《みよ》のこととされるが、歴代天皇の中に宇治天皇は存在しない。宇治天皇は、応神天皇の皇太子だった菟道稚郎子《うじのわきいらつこ》皇子を指すとされる。皇太子となったにもか

かわらず、後の仁徳天皇に天皇の位を譲るため自ら命を絶ったという皇子だ。風土記の時代の人にとっては、なじみ深い存在だったのだろう。

さて、その時代に、兄太加奈志《えたかなし》と弟太加奈志《おとたかなし》という二人の男がいた。おそらく兄弟だろうが、二人は大田の村の「與富等《よふと》」という土地がほしいと願い出て、許された。勝原区丁《よろ》の地名は、與富等の名残とされる。二人は、その土地を開墾して稲種を蒔こうとした。

開墾に勤しむ二人の許に、召使いが鍋など食事の道具を入れた箱を「朸」で担って運んでくる。朸は天秤棒のことだ。ところが、道具がお粗末だったのか、荷物が重すぎたのか、朸は折れてしまい、荷物はみんな地面に落ちてしまった。そこで、鍋が落ちた所を魚戸津、朸の前にあった箱が落ちた所を上筥岡、後ろにあった箱が落ちた所を下筥岡、朸が落ちた所を朸田と名付けたとか。

MEMO

勝原区熊見に字「箱岡」があり、同名の小丘があった。残念ながら、最近開発によって削られ、風土記ゆかりの小丘は消失してしまった。勝原区丁には国指定の史蹟、丁瓢塚古墳がある。また、周辺には丁古墳群がある。

福井庄の蓑《みの》寺

——捨てられた仏が本尊に

姫路市勝原区能見▼地図A78

『峰相記』は、姫路市勝原区を含む荘園、福井庄に蓑寺という寺があったと記している。一時隆盛を誇った寺らしいが、今は跡地すらはっきりしない。

『峰相記』によれば、蓑寺の由緒はこうだ。正和二年（一三一三）ころ、坂越《さこし》庄（赤穂市）へ下る旅人が英賀（姫路市飾磨区）の西田寺という寺で雨宿りした。ところが、この旅人がとんでもない戯れ心を起こす。西田寺に祀られていた古い仏様二体を背負って、山本村まで運んでいったというのだ。その上、あろうことか、蓑をかぶせて捨ててしまった。二体はお薬師様と観音様だったというが、仏様にしてみればまったく迷惑な話である。

けれども、山本村の村人たちはもったいないことだと思ったのだろう、その仏様たちを板屋根で覆ってあげた。そして、礼拝したところ、どんな願いでも叶わぬことはなかったという。たちまち、蓑をかぶった仏様の評判は広がり、身分の上下を問わず参詣人が押しかけてきた。目の見えぬ人は目が開き、腰が折れた人も立ち上がって走り回ったというから、まさに奇跡である。

播磨の国だけでなく近隣諸国にもその霊験は伝わり、米やら銭やらが数知れず寄進された。仏様の仮住まいの前では、僧たちが読経し念仏を唱える、仏様に歌舞音曲を奉納するためだろうか、楽人や舞人が集まる、参詣人目当ての物乞いもうろついて、まさに門前市をなすにぎわいだった。ついに立派なお堂が建ち、文保二年（一三一八）に書写山円教寺の長老を招いて法会を行ったと記されている。本尊となったお薬師様と観音様は、やはり蓑をかぶったままだったのだろうか。

MEMO 『揖保郡誌』は山本村を熊見村出屋敷とし、「蓑寺」という字が残るとしている。熊見村は勝原区熊見、広畑区京見町に当たる。なお、西田寺も現存しない。

©ドウノヨシノブ

焼けずの観音様
――住職、猛火の中から救い出す

姫路市勝原区朝日谷▼地図A79

勝原区朝日谷にある大日寺は、『峰相記』にも登場する。法道仙人が建立した寺のひとつ、「朝日山観音」がそれだ。同寺の本尊は仙人が天竺から持ってきて家島の堂崎に安置されていたが、仙人とともに朝日谷に飛来したとか。この本尊にまつわる話がもうひとつ、『播磨鑑』に記されている。

天文年中（一五三二～五五）のこと、大日寺は「回禄《かいろく》の災」にあった。つまり、火災に見舞われたという。その原因は兵火だ。天文から元亀（一五七〇～七三）にかけて、朝日山で三度の戦いがあった。天文元年は太子町の斑鳩寺と大日寺、同三年と元亀元年には龍野城主と大田城主とが戦ったとされる。天文三年の朝日山合戦で、多くの塔頭が立ち並んでいた大日寺も焼亡してしまったらしい。『播磨鑑』にも、「堂舎・仏閣・霊宝・縁起等悉《ことごと》く一時の灰燼《かいじん》となれり」と記されている。

このとき、由緒ある本尊も猛火に包まれそうになった。住職は悲しみ嘆いて、お堂の

中に飛び込んだ。そして、「あなたは、大火も自分を焼くことはできないと誓われたではありませんか。その誓約通り、この火難を逃れていつまでも衆生をお救い下さい」と叫んで、観音様を背負おうとした。この仏様には、火事にあっても焼けないという言い伝えがあったのだろう。

住職の心から叫びを、観音様はお聞き届けになる。いつもは二、三人で動かそうとしても容易に動かせないのに、このときは住職一人で軽々と背負うことができた。「落花の袖にかかるより」軽く感じられたというから、観音様の霊験はあらたかである。住職は形ばかりの庵を結び、救い出した観音様を祀ったとか。

MEMO

朝日山大日寺は、標高八八メートルの朝日山山頂に立つ。真言宗仁和寺末寺。境内に室町時代とされる十三重石塔（現在は十一段）や、龍野城主赤松政秀寄進と伝えられる石造五智《ごち》如来などがある。

檀特山《だんとく》をめぐる物語
――聖徳太子ゆかりの跡

姫路市勝原区下太田、揖保郡太子町▼地図A80

勝原区下太田と揖保郡太子町のほぼ境界線上に山頂が位置するのが、標高一六〇メートル余りの檀特山。尾根筋にある弥生時代中期の集落跡から、銅剣型石剣の断片が出土した。『播磨国風土記』の揖保郡枚方里《ひらかた》に、応神天皇がこの山で国見をした話がある。天皇が立った大岩の表面にくぼみが残っていて、「御沓《みくつ》」「御杖《みつえ》」と呼ばれていたそうだ。

檀特山の西側は聖徳太子ゆかりの町、太子町に属す。同町の大部分は、法隆寺領の鵤《いかるが》庄に属した。その太子町側では、応神天皇が岩の上に残した沓と杖の跡は別のものに変身する。鵤庄の中心にある天台宗の古刹、斑鳩寺の縁起によると、太子の経典講読を喜んだ推古天皇から播磨の国に水田を賜り、聖徳太子は当地へ足を運んだ。そのとき、その地にあった山を「檀特」と名付けたという。檀特はインドのガンダーラ国にあった山の名で、出家前のお釈迦様が修行をした山と伝えられる。

さて、太子は馬に乗って檀特山へ登ると、「どこへ伽藍を営むべきか」と周囲を見渡し、今の寺地が最もふさわしい場所と決定する。このとき、峰の松に馬をつないでおいたのだが、それ以来その松は芳香を発するようになった。聖徳太子の徳の高さを示すように、村里にまでよい香りが漂ったそうだ。そこで、その村里は不思議な香り、「異《い》香《か》」が「留《とどま》れる」里と呼ばれ、鵤庄は「異香留《いかる》家《が》荘」とも呼ばれたとか。

そして、聖徳太子が馬をつないだ、「駒つなぎ」の松のそばにあった岩の上には、馬の蹄の跡が残った。『播州名所巡覧図絵』にも、「蹄石太子の踏跡」と記されている。

MEMO

斑鳩寺は太子町鵤に所在する、天台宗の古刹。三重塔などの国の重要文化財をはじめ、多くの寺宝を有する。また、鵤庄の荘域にはいくつか「投げ石」と称す石が残っており、荘園の範囲を示す榜示石と伝えられている。

©ドウノヨシノブ

播磨

人丸さんの盲杖《もうじょう》桜

——和歌の詞を詠みかえる

明石市人丸町▼地図B1

『播州名所巡覧図絵』に描かれた「柿本人麻呂社」、その社前に「盲杖さくら」と記された木がある。そして、「昔筑紫より来りし盲人のよみしうた」を記す。『播磨鑑』では伝説の主人公は石見国の出身だ。柿本人麻呂が石見国で没したことからの発想だろうか。一般的には、盲人は筑紫（福岡県）からやってきたとされる。

現在の社名は柿本神社で、「人丸さん」と親しまれている。ただし、はじめ人麻呂を祀った祠があったのは、明石城が立つ赤松山。空海が楊柳寺という寺を建立し、後の住職が夢告によって人麻呂を祀ったという人丸塚が今も残っている。名を月照寺と改めた寺は、城を築く際に人麻呂の祠とともに現在地に移転した。

さて、遠い国から杖を頼りに一人の盲人がやって来たのは、赤松山に祠があった時代のことだ。盲人は、人丸塚で「目が見えるように」という切実な祈願を行う。祭神は歌聖ということで、盲人は自分の願いを歌に託した。「ほのぼのとまこと明石の神ならば一目は見せよ人丸の塚」と詠んだとたん、ぱっと目が開く。ところが、喜ぶ暇もなく、目は再び閉じてしまった。「なぜだろう」と考え込んだ盲人は、「一目は」という言葉が悪かったと思いつく。

©ドウノヨシノブ

「ほのぼのとまこと明石の神ならば我にも見せよ人丸の塚」。こう詠むと視界は開け、二度と目が閉じることはなかったそうだ。盲人は大喜び、不要になった杖を塚に挿して帰国した。すると、その杖が根付いて立派な桜の木になったという。

桜は神社とともに移転、社前にある桜は五代目だとか。その前には、「盲杖桜」と刻まれた古い石碑が立っている。

MEMO

柿本神社は明石市人丸町に鎮座。重要文化財を含む多くの社宝があり、境内には明石藩主建立の顕彰碑（市指定文化財）や歌碑、神木の筆柿、赤穂浪士ゆかりの八房《やつふさ》の梅などがある。八房の梅は月照寺にもあり、同寺にも人麻呂像など寺宝が伝わる。

隠れ住んだ二人の皇子

――宴席で身分を明かす

三木市志染町《しじみちょう》▼地図B2

『播磨国風土記』美嚢郡志深里《みなぎのこおりしじみのさと》に、玉丘古墳の主と伝えられる根日女《ねひめ》に求婚した二人の皇子の話が載っている。志深里は現在の三木市志染町に相当し、二人の皇子の話は景行天皇と印南別嬢のロマンスに次ぐ長編物語だ。

さて、於奚《おけ》と袁奚《をけ》という二人の皇子は、「市辺《いちべ》の天皇《すめらみこと》」、履中天皇の皇子だった市辺押磐《いちべのおしは》皇子を父親とする。記紀では、兄が億計《おけ》皇子、弟が弘計《をけ》皇子となっている。父親は、皇位継承争いの中で雄略天皇によって命を奪われた。皇子たちも命が危ないと家来の一人が播磨の国へ逃がし、志深里の窟に隠れ住む。ところが、家来は自ら命を断ってしまい、二人の皇子はあちこち隠れ住んだ末、志染の村長の家に下僕として仕えることになった。

あるとき、村長が新築祝いに盛大な宴会を催す。この宴の席で、村長は下僕である二人に明かりを点させ、祝いの歌を歌うよう命じたそうだ。兄弟は譲り合った末、弟が立って祝いの歌を歌い、続けて自分たちの素性を明らかにする歌を歌う。たちまち、宴席は大騒ぎとなった。そして、そこにいた大和朝廷の役人が皇子たちの母、手白髪《たしらか》命にこの朗報を伝え、二人の皇子は無事に大和へ帰還して母と喜びの再会を果たす。後に、弟がまず仁賢天皇に、次いで兄が顕宗天皇になったとされる。

風土記では、兄弟は大和から戻って志深里に高野宮、少野宮、川村宮、池野宮などいくつもの宮を建てる。また、朝廷が管理する屯倉《みやけ》も建てたと記されている。

MEMO 二人の皇子が隠れ住んだ岩屋とされるのが、三木市志染町御坂にある「志染の岩屋」。岩屋にはわき水が溜まり、自生するヒカリモによって金水現象が見られることで有名。神戸市西区押部谷に顕宗・仁賢神社がある。

天皇の求婚

——印南野の美女を求めて

加古川市加古川町▼地図B3

『播磨国風土記』は冒頭部分、明石郡の記述が欠けている。残っている最初の話は、明石郡の西隣、賀古郡の話だ。なぜか短い地名由来が並ぶ他の部分と異なり、一つの長編物語となっている。主人公は第十二代の天皇、景行天皇で、日岡につくられた「比礼（褶《ひれ》）墓」の由来がこんな風に語られている。

　あるとき、天皇は賀古の郡に住む美しい娘、印南別嬢《いなみのわけのいらつめ》の噂を聞いた。さっそく求婚しようと倭（大和）を旅立ったが、別嬢は畏れ多いことと思って、ある島に隠れてしまう。船頭に渡し賃をせがまれたりしつつ、天皇はようやく賀古の松原までたどり着いた。す

ると、白犬が海に向かって吠えているではないか。この犬は他でもない別嬢の飼い犬で、海に浮かぶ小島に主人が隠れていることを天皇に告げていたのだ。

天皇は阿閇《あへ》の港から島へ渡り、ようやく別嬢と対面することができた。別嬢に「この島の隠愛妻《なびはしつま》よ」と呼びかけたので、島は「南毗都麻《なびつま》島」と呼ばれるようになったという。隠愛妻は、「隠れていた愛しい妻」の意味だ。二人はそれぞれの船を繋いで仲むつまじく戻ると、印南郡の六継《むつぎ》村で結ばれた。六継の地名は残っていないが、加古川の河口付近らしい。そこは海に近く、波の音や海鳥の声が騒がしかったので小高い場所、「高宮」に移ったと記されている。そして、加古川市加古川町木村のあたりとされる「城宮《きのみや》」で結婚式を挙げたとか。

この二人の間に生まれたのが、記紀神話最大の英雄、ヤマトタケルである。後に別嬢が亡くなると日岡に墓が築かれたが、加古川を渡るとき、大風が吹いて棺が水没してしまう。見つかった匣《くしげ》と褶《ひれ》だけを納めたため、墓は褶墓と呼ばれたそうだ。

MEMO
褶墓は、加古川市加古川町大野に所在する日岡山古墳とされる。景行天皇の后、播磨稲日大郎姫命の墓として宮内庁が陵墓指定。隣接して、后が日本武尊の出産に当たって安産祈願したという式内社日岡神社が鎮座する。

駅《うまや》ヶ池《がいけ》の上人魚

――食べた魚が泳ぎ出す

加古川市野口町
▼地図B4

西谷勝也さんの名著、『伝説の兵庫県』（神戸新聞総合出版センター）に登場するのが教信寺の開基、教信上人である。平安時代の『日本往生極楽記』にも取り上げられ、念仏信仰の祖と崇敬されて一遍や親鸞が手本とした。

教信は、古代山陽道で最大の規模を持つ賀古《かこ》の駅家《うまや》近くに、妻子とあばら屋に住んでいたとされる。絶えず念仏を唱え続けていたため「阿弥陀丸」、また、山陽道を行く旅人の荷物を運んで暮らしたことから「荷送り上人」と呼ばれたという。前掲書に紹介されているのは、「野口のまやの池」の話だ。『播磨鑑』に載る寺記にも、同様の話が記されている。

あるとき、教信は村人たちのために灌漑用の池を掘った。その池に魚が住むようになると、村人たちは池の魚を捕り始めた。教信が殺生の罪を説いても止めようとしない。それればかりか、教信にも魚を食べるように勧める始末だった。ところが、教信は断らずにその魚を食べてしまう。そして、池へ行って食べた魚をはき出した。そのとたん、魚は何事もなかったように泳ぎ出す。この奇跡を見た村人たちは自分たちの罪を悟り、その後は池の魚を「上人魚」と呼び、決して捕ろうとしなくなった。また、このときから池の魚は「一目の魚」になったという。教信の歯が当たって一目を失ったそうだ。

『伝説の兵庫県』には同種の「昆陽《こや》のふな伝説」があり、こちらの主人公は東大寺再興で知られる行基だ。なお、教信は自らの屍を荒野の鳥獣に供したといい、その伝承に基づき首だけの尊像が開山堂に安置されている。

MEMO
念仏山教信寺は、加古川市野口町野口に所在。沙弥教信頭像と教信の供養塔とされる五輪塔は県指定文化財。九月の「ねんぶったん」、野口大念仏会では教信上人絵伝の絵解きが行われる。境内は市指定文化財。

播磨の巨人伝説
――「大人《おおひと》」からアマンジャコへ

多可郡多可町中区▼地図B5

日本の各地には、ダイダラボッチに代表される巨人伝説が残っている。『播磨国風土記』に載っているのは、託賀《たか》郡の郡名由来に登場する「大人」だ。託賀郡は現在の多可郡だが、西脇市も含んでいる。大人はあまりに巨大なため、頭が天につかえ、いつも身をかがめて歩かねばならなかった。多可の地にやってくると、はるか高いところに天がある。「天が高いので体を伸ばせる」と大人が喜んだので、「たか」郡となったとか。

この風土記の伝承は姿を変え、アマンジャコ（天邪鬼）伝説として多可郡でさまざまに語り伝えられている。たとえば、こんな話だ。あるとき、アマンジャコは、岡山（多可町中区）と太子山（同上）が邪魔だと考えた。他所へ移そうと、石の棒の両端に二つの山を結び、「よいしょ」と担いで運ぼうとしたが、石の棒は山の重みで真っ二つに折れてしまう。岡山、太子山は落下し、落ちた場所に今もそのままあるというわけだ。その二つの山の間、奥中という所に、アマンジャコが担い棒にしたという石二つが伝えら

れている。「奥中の長石」として親しまれ、今は町のマスコットキャラクターでもあるアマンジャコの人形と一緒に奥中の交差点に置かれている。風土記の大人も、古代の人々にとって愛すべき存在だったのではないだろうか。

他にも、かつて多可郡で行われていた田祭りという民俗行事にまつわる話や、妙見山から笠形山まで一晩で石の橋を架けようとして失敗した話、あるいは、妙見山麓の東山古墳群は火の雨が降ってきたとき、アマンジャコが隠れた所だという話などが残っている。

MEMO 東山古墳群は多可町中区東山に所在し、兵庫県指定文化財。七世紀の古墳群で、十六基が保存整備されている。出土品も多く、一号墳の石室は県内最大級。隣接する那珂ふれあい館で資料が展示されている。

女神の父親探し
――子どもが神酒を捧げる

多可郡多可町加美区▼地図B6

『播磨国風土記』の託賀郡賀美里《かみ》に、荒田という村があった。今の多可町中区安楽田《あらた》から加美区奥荒田にかけての杉原川流域に当たる。さて、この村には道主日女命《みちぬしのひめ》という女神がいた。加美区的場《まとば》に播磨国の二宮といわれる荒田神社が鎮座し、この女神を祀っていた場所とされる。ただし、安楽田にも荒田神社が鎮座している。

さて、あるとき、道主日女命が父親のわからない子どもを産んだ。おそらく、姿を見せずに神様が女神のもとに通ったということだろう。そこで、父親である神の正体を知りたいと思った女神は、「盟酒《うけひざけ》」を作ることにした。誓いを立てて作る神聖な酒のことで、神意によって父親を占うことが目的だ。女神が七町の田を作ると、七日七夜で稲が実った。女神はこの不思議な稲で酒を作り、多くの神々を集めて酒宴を開く。

そして、だれに運べとも言わず、子どもに盟酒を運ばせた。「どの神に酒を捧げるだろうか」、女神は酒の行方を注視していたに違いない。子どもが酒を捧げた相手こそ、自分のもとを訪れた神だからだ。すると、子どもは天《あめの》目《ま》一《ひとつ》命という神に酒を奉った。天目一命は天目一箇神、鍛冶の神として知られている。こうして、女神による子どもの父親探しは終了した。後に、盟酒のために作った田が荒れたため、荒田の村と呼ばれるようになったとか。

なお、『峰相記』には、村人が田を耕していると赤い東帯姿の女体の唐人が天下り、社殿に祀れと告げ、村人の青苗が一夜にして杉になった話が載っている。坂上《さかのうえの》田村《たむら》麻呂《まろ》が崇敬し、正一位を授かって勅使を立てられたとか。

MEMO 荒田神社は、多可町加美区的場に鎮座。祭神は、少彦名命・木花《このはなの》開耶《さくや》姫《ひめ》命・素戔嗚尊《すさのおのみこと》。天然記念物の「勅使の杉」があったが、昭和四十年の台風で失われた。近くの小丘に天目一神社が祀られている。

根日女《ねひめ》の悲劇

——玉で飾った美女の墓

加西市玉丘町《たまおかちょう》▼地図B7

加西市に、全長約百九メートル、兵庫県で六番目の大きさを誇る前方後円墳がある。玉丘古墳と呼ばれる、古墳時代中期の古墳だ。幅約二十メートルの周濠が残り、円筒埴輪など多くの遺物が出土している。

この古墳にまつわる地名由来が記されているのが、『播磨国風土記』の賀毛《かも》郡楢原里《ならはら》である。登場するのは、二人の皇子と根日女という豪族の娘だ。古代の美女、根日女は加西市のイメージキャラクターになっている。二人の皇子とは、前に述べた美嚢郡志染里に住んでいた意奚《おけ》と袁奚《をけ》の兄弟だ。

さて、楢原里の話では二人はすでに皇子として認められており、このあたりを治める国造《くにのみやつこ》許麻《こま》の娘、根日女に求婚する。天皇の子どもなのだから、妻になるように命令したといった方がいいだろう。問題は、二人の皇子が同時に求婚し、根日女が「はい」と承諾したことだった。根日女にはどちらを夫にと選ぶ権利があるはずもなく、先に結

婚を決めた皇子と結ばれるしかない。ところが、兄と弟は互いに譲り合い、いつまでたっても結婚しようとしなかった。

とうとう根日女は年老いて死んでしまい、皇子たちは悲しみに暮れる。せめて立派な墓をつくろうと思った皇子たちは「朝日夕日の照る場所に墓をつくって、玉で墓を飾るように」と命じた。玉で飾られた墓は「玉丘」と名づけられ、墓のある村は玉野の村と呼ばれたとか。

記紀には、雄略天皇から声を掛けられ老女となるまで待ち続けた赤猪子《あかいこ》の話がある。美女たちの災難に隠されているものは何か、その背景が気になるところだ。

MEMO

玉丘古墳は、加西市玉丘町にある玉丘史跡公園に所在。同史跡公園は、前方後円墳や帆立貝式古墳、円墳など七基の古墳を有し、湿地観察園や野鳥観察デッキなどを備えた憩いの場として親しまれている。

犬寺と呼ばれた寺

――主人を守った二匹の犬

神崎郡神河《かみかわ》町　▼地図A8

鎌倉時代の名僧、虎関師錬《こかんしれん》が著した『元亨《げんこう》釈書《しゃくしょ》』に、播州の「犬寺」の由緒が記されている。この寺の話は、室町時代の『峰相記』にも載っている。犬寺とは金楽山法楽寺、大化年間（六四五～六五〇）の創始を伝える高野山真言宗寺院だ。本尊は十一面観音で、法道仙人の開基伝承も伝えられている。

『元亨釈書』によると、蘇我入鹿《そがのいるか》が聖徳太子の一族を滅ぼしたとき、播磨の枚夫《まいぶ》という人がその軍に従ったそうだ。『峰相記』では、名高い猟師「秀府」が主人公となっている。

さて、夫が戦いに出かけた留守に枚夫の妻は従僕と密通してしまう。そればかりか、従

僕は主人の殺害を計画する。枚夫が帰ってくると、狩りに行こうと山奥に誘い出し、射殺そうとした。だまされたことを知った枚夫は、連れてきた白と黒の飼い犬二匹を呼び、餌をやって「自分の屍を食べてくれ」と頼む。武勇の誉れ高い自分が従僕に欺かれて死んだと聞いたなら、人々が屍を指差して笑うだろうと考えたためだ。

犬たちは枚夫の差し出した餌を食べ終わるやいなや飛び上がり、一匹は従僕の弓の弦を、一匹は従僕の喉《のど》を食いちぎったという。枚夫は妻を追い出し、二匹の犬に自分の財産を譲ることを約束した。しかし、犬たちが先に死んでしまったので立派な寺を建立し、千手観音を安置して二匹の冥福を祈った。地主神として祀られた犬たちの霊験はあらたかで、火に包まれても伽藍は焼亡しなかったとか。この話を聞いた桓武天皇は、田地を寄進して崇敬したそうだ。

法楽寺の南、福山地区に枚夫長者の屋敷跡とされる場所があり、背後の山に犬の墓とされる宝篋印塔、谷を隔てた別の山にもう一匹の墓とされる五輪塔が祀られている。

MEMO 金楽山法楽寺は神崎郡神河町中村に所在。同町の長谷《はせ》地区には犬塚があり、背後の小堂に宝篋印塔が祀られている。長谷は江戸時代「犬見村」といい、自分の罪を恥じた枚夫の妻が尼となって隠棲したという。

埴岡の里のいわれ

――神々の我慢比べ

神崎郡市川町▼地図B9

私の父祖の地は神崎郡市川町、『播磨国風土記』でいえば神前郡《かむざき》埴《はに》（埴）岡里に含まれる地域だ。埴岡の地名由来は、記紀神話などには見られないユニークな話として知られている。その主人公は、大汝命《おおなむち》と小比古尼命《すくなひこね》という二人の神様で、大汝命は国譲り神話の主人公、大国主命のことだ。小比古尼命は大国主命の国づくりを手伝った少名《すくな》彦《ひこな》命、海の彼方からやって来た小人の神様を指す。大国主命は巨人神ともいわれ、この大小コンビは名コンビとして神話の世界で活躍する。

さて、あるとき、この二人が争うことになった。争いのテーマは、「埴土（粘土）の荷を担いで行くのと、屎《くそ》（糞）をしないで行くのとではどちらが大変か」。まず、大きな大汝命が後者を選ぶ。小さな小比古尼命が重い粘土の大荷物を担いで、二人は歩き始めた。何日か歩き続けた末、大汝命が先に音を上げる。「これ以上歩けぬ」と言うやいなや、そこで「屎下《ま》りたまひき」。これを見た小比古尼命は笑って「私も苦しかった」

と言い、埴土の荷を岡に放り投げた。少々尾籠《びろう》な話だが、大汝命の屎が笹の葉に弾かれて衣に付いたことから、その地は「波自賀《はじか》」の村と名付けられたとか。埴土と屎は石となって今も残っている、と風土記は記している。

埴土が化した岩は神崎郡神河町比延《ひえ》に鎮座する日吉神社の裏にあると伝えられ、波自賀の遺称地とされる初鹿野《はじかの》山の姿も同社の正面に望むことができる。風土記には応神天皇がこの岡に宮をつくったとき、岡の土が埴ばかりだと言ったという話も載っている。伝説として魅力的なのは、やはりユーモラスな我慢比べの話の方だろう。

MEMO

日吉神社の祭神は大汝命・少彦根命・大山咋《おおやまくい》命。同社の前には「埴の里」の標識が立つ。十月の秋祭りには、氏子の三地区から花嫁姿の男性を長持ちに乗せた「とんぼ道中」が出る。

七種《なぐさ》の滝の仙人
——村人に穀物の種を与える

神崎郡福崎町七種山▼地図B10

県指定の名勝、「七種の滝」は、神崎郡福崎町の七種山中にある名滝だ。落差七十二メートルを誇る。七種山は、かつて仏教の聖地でもあった。明治になって麓に移転した金剛城寺の堂社が、山中に立ち並んでいたのだ。同寺は真言宗寺院で、推古天皇の時代の開創を伝える。

天文三年（一五三四）の年紀を持つ「金剛城寺略縁起」によると、昔、滝川の上流にある「慈岡」に一人の老翁がいた。この老翁は「川人」と呼ばれていた。あるとき、七年も日照りが続き、穀物の種が絶えてしまう。人々が飢えに苦しんでいると、川人が里へ下りてきて五穀の種を分けてくれた。川人はただの老翁ではなく、大変な霊力を持っていたらしい。秋には大麦・小麦、春には籾、夏には大豆・小豆、粟・稗。川人が持つ鉢からは、尽きることなく穀物の種が出てきた。

ところが、干ばつの危機が去ると、川人は姿を消す。彼を慕う人々は慈岡に社を建て、彼を祀ったそうだ。その後、聖徳太子が訪れ、その命を受けた慧灌《えかん》という高僧が七種山慈岡寺を開く。同寺の開眼供養の導師は、法道仙人が務めたとされる。『峰相記』に載る、法道仙人が開いた二十一ヶ寺の一つ「七種寺」が金剛城寺に当たるのだろう。

寺の縁起は、干ばつに苦しむ村人が水音に導かれて滝を発見、仙人と出会って「取っても尽きない七草の種」をもらったという話に姿を変えて語り伝えられた（『ひょうごの民話』兵庫県学校厚生会）。なお、慈岡の川人については、平安時代に実在した慈岳川人という陰陽師との関係が注目される。こちらの川人も、『今昔物語集』など、説話の世界でも活躍している。

MEMO 七種山金剛城寺は、神崎郡福崎町田口に所在。江戸時代は「作門寺」と称した。当時の唯一の遺構、元禄時代の旧山門が山中に残っている。境内には室町時代の石造地蔵菩薩像があり、町指定文化財。

©ドウノヨシノブ

飯粒が落ちた丘
——神々の国占め争い

たつの市揖保町中臣《なかじん》
▼地図B11

たつの市揖保町に鎮座する中臣印達《なかとみいたて》神社には、「粒丘」と刻まれた石碑が立つ。『播磨国風土記』に記された揖保郡揖保里の粒丘《いひぼ》、同社がある中臣山こそこの丘だと伝えられてきたためだ。風土記には、粒丘の由来がこんな風に語られている。

あるとき、天日槍命《あめのひぼこ》という神が「韓国《からくに》」から海を渡ってやって来た。『古事記』『日本書紀』では、天日槍命は人間、新羅《しらぎ》の王子として登場する。さて、天日槍命は揖保川の河口あたり、「宇頭《うず》の川底」に到着すると、葦原志挙《あしはらのしこ》乎命《を》に「あなたはこの国の主だ。私が泊まる場所を与えてほしい」と頼んだ。葦原志挙

乎命は大国主命の別名とされるが、ここでは播磨国の「国主」とあり、播磨独自の神、伊和大神のことと考えられている。

大神は異国の神を播磨の地に上陸させたくなかったのだろう、海中なら泊まってもよいと答えた。そんなことはできまいと思ったに違いない。ところが、天日槍命の力はすさまじく、剱で海水をかき回して土地をつくってしまった。イザナギ・イザナミの二神が天《あま》の沼矛《ぬぼこ》で海中をかき回し、オノコロ島をつくった国生み神話を彷彿とさせる話だ。

想定外の事態に大神は狼狽し、先に国占めをしようと巡り歩いた。そして、腹が減っては戦ができぬとばかり、丘に登って食事をしたという。しかし、天日槍命を恐れてあわてていたためか、飯粒が口からこぼれ落ちてしまった。そのため、丘は粒丘と呼ばれるようになったとか。

丘の小石はみんな飯粒に似ていると記されているのが、面白い。大神が杖を立てると清水が湧いたという話も付け加えられている。

MEMO
中臣印達神社は、たつの市揖保町中臣に鎮座する式内社。祭神は、素戔嗚尊の息子、五十猛命。境内に、式内社の阿波遅《あわじ》神社が合祀されている。また、中臣山の南にある夜比良《やひら》神社も式内社で、この地域の古い歴史を感じさせる。

菜くわずの祭り

——弘法大師と青菜

たつの市揖保川町神戸《かんべ》▼地図B12

全国区の伝説の主人公、弘法大師は、多くの場合、旅の僧として登場する。大師によって湧き出た泉の話は各地にあり、播磨では神崎郡市川町の甘地などが知られている。姫路にも、大師が川辺で菜を洗っていた女に水を乞い、女が水を捧げ家で歓待すると大師が川の濁りを止めて清水にしてくれた「菜清川」の伝説があった。

ところが、同じようにこの廻国の僧に遭遇しながら、まったく別の結果を招いた菜を洗う女がいる。場所は、ＪＲ竜野駅から見える神戸《かんべ》神社だ。『播磨国風土記』に出てくる「神山」と考えられており、平安時代に播磨国の一宮、伊和神社から神様を迎えたという。同社の秋祭り「菜食わずの祭り」には、こんな由緒が伝えられている。

ある年の祭りの日、大師がこの地を通りかかった。すると、川端で一人の女が青菜を洗っている。大師は女に菜を分けてくれと頼んだ。よほど空腹だったに違いない。ところが、大師がみすぼらしい姿だったためか、女は菜を惜しんで「苦いから食べられない」と断ってしまう。このときから、神戸神社の秋祭りに青菜を食べると、腹痛を起こすようになった。また、菜が苦くて食べられなくなったともいい、祭りの日には青菜を食べないという風習が生まれたとか。

「菜食わずの祭」は、古くは午《うま》の日に行われたため「午祭」と呼ばれていた。伝説の誕生には、万寿院という真言宗の神宮寺が神社を管理したことが関わるらしい。大師伝承がどのようにして伝搬されたのかを考えさせる一例だ。

MEMO 神戸神社は、たつの市揖保川町神戸北山に鎮座。祭神は大己貴《おおなむち》命・少彦名《すくなひこな》命。かつて神戸荘と呼ばれた広い地域を氏子圏とする。現在、秋祭りは十月十日に近い土・日曜日。氏子の黍田《きびた》地区に黍田獅子舞保存会がある。

万歳《まんざい》長者と四《よ》コブ長者

――川越えて酒盛りを…

たつの市龍野町日山▼地図B13

日本の各地に、長者譚といわれる伝説がある。たとえば、鳥取の湖山長者は田植えを一日で終わせようと沈みかけた太陽を扇で招き返したため、広大な田が一夜にして池になってしまった。鳥取市北部にある湖山池の由来話だ。清盛が音戸ノ瀬戸の開削、あるいは兵庫の築島の築造に当たって夕日を金扇で招き返した話を連想する方もいるだろう。清盛の日招き説話も、自然の摂理に背いて没落した長者譚と同質のものといえる。

播磨にも、中世の長者譚が残されている。『峰相記』に載る、小宅《おやけ》郷万歳長者の話だ。小宅郷はたつの市東部、『播磨国風土記』では揖保郡少宅里だ。渡来系の秦《はた》氏が住んでいたらしい。

さて、万歳長者は揖保川の対岸、揖保庄の四コブ長者と縁を結んだ。二人の長者は婿舅の仲となり、親睦を深めるために毎日酒盛りをした。が、その酒盛りが尋常ではない。それぞれの屋敷は、広い揖保川によって隔てられていた。その大河の上に樋を掛け、そ

の樋に酒を流して互いに酒を酌み交わしたとか。この壮大な酒盛りによって、その地は「樋山」と呼ばれるようになった。たつの市龍野町日山が遺称地で、揖保川の対岸には四箇《よつか》の地名が残っている。

どちらも宝が満ちあふれる豊かな長者だったが、四コブ長者は屋敷の未申《ひつじさる》、南西の方向に氏寺を建てたため滅亡する。万歳長者も跡が絶えた。奢り高ぶった酒盛りのせいだろうか。後に、小宅の牛飼いが屋敷跡にあった石塚の中に黄色く光るものを見つけ、その夜のうちに妻子を連れて逃げ失せたと記されている。長者の埋蔵金を発見したに違いない。

MEMO

四コブ長者の氏寺跡とされたのは、古代山陽道沿いにあった古代寺院、小神廃寺跡と推測される。たつの市揖西町小神に所在し、礎石が残されている。日山には、式内社の粒坐天照《いひぼにいますあまてる》神社が鎮座している。

盆のすっぽん踊り

——河内の神の妖怪退治

たつの市新宮町牧▼地図B14

中世、栗栖《くるす》庄という庄園の鎮守社だった河内神社に、「すっぽん踊り」と呼ばれる盆行事が残されている。八月十四日に行われ、氏子地区の子どもたちが主役だ。残念ながら、踊り自体は明治時代で途絶した。今は子どもたちが唱え言葉を繰り返しながら鉦や太鼓を叩き、社殿の周りを回って神社の北にある大岩へ行き、神官が大岩の前でお祓いをする。その唱え言葉というのが、「すっぽんでんや、もうでんや」という不思議な言葉だ。

伝説によると、南北朝時代、河内神社の北にあった岩屋に正体の知れぬ妖怪が住んでいた。毎年七月十四日になると、どこかの家の屋根に白羽の矢が立ったそうだ。この矢が立った家は、必ず娘を人身御供に出さねばならなかった。人身御供を出さないと、凶作になったり、洪水が起きたりと、村に災難が降りかかったという。この風習に、村人たちは長年苦しんでいた。

ところが、嘉暦元年（一三二六）のこと、河内の国の枚岡天満宮の神霊がこの地に飛んできた。この神様がなぜ遠路はるばるやって来たのか、その理由は伝えられていない。ともかく、神様は岩屋の妖怪を退治してくれた。退治された妖怪の正体は、大きなスッポンだったとか。そこで、村人たちは河内の神を氏神として祀り、「すっぽん出んや、もう出んや」と喜びの踊りを踊った。

これが河内神社の由緒であり、珍しい盆行事のいわれとなっている。唱え詞の結びが「南無阿弥陀仏」であるのは、起源が中世の念仏踊りにあるためではないだろうか。

MEMO 河内神社は、たつの市新宮町牧に鎮座。現在は牧のみの氏神となっている。十月の秋祭りには「オトウ」と呼ばれる古い伝統が残り、オトウを務める家では祭神の分霊を祀るオハケを作る。獅子舞はたつの市民俗文化財。

舞い降りた鶴たち

——播磨の国の一宮

宍粟《しそう》市一宮町▼地図B15

播磨の国の一宮として古くから崇敬を集めてきたのが、伊和坐大名持御魂《いわにいますおおなもちのみたま》神社。主祭神は、神社の名前にもあるように大己貴命《おおなむちのみこと》。一般には、伊和神社と呼ばれている。平安時代の『延喜式』神名帳にも載る名社だ。『峰相記』に載っている、同社の縁起を紹介したい。

大己貴命は、朝鮮半島へ戦いに赴いた神功皇后に副将軍として従った。勝利を得て日本に帰ってきたとき、皇后は大己貴命に「もし異賊が攻めてきたなら国中の神々を集めて闘ってほしい」と頼む。大己貴命は播磨国の「神戸《かんべ》ノ地」、つまり、伊和神社が鎮座している場所こそ陣を敷くのに適した地だとして、この地に留

©ドウノヨシノブ

まり、そのまま亡くなった。

その数百年後のこと、伊和恒郷《いわのつねさと》という人の夢枕に大己貴命が立つ。「伊和の地に自分を祀れ」と命じられ、恒郷は驚いて目を覚ました。屋敷の西を見ると、一夜にして数千本の松や杉が生い茂っているではないか。そこへ、鶴が群れをなして飛来する。そして、民家を焼き払って清浄な土地を造ったかと思うと、大きな二羽の鶴が舞い降りて北向きに眠った。そこで、その場所に北向きの社殿を建立したそうだ。播磨国の国司は必ずこの社に最初に参詣し、田地を寄進した。また、その祭礼には国衙の役人たちも参列したと記されている。

宍粟市山崎町の与位《よい》神社、子勝《こかつ》神社（与位神社に合祀）は大己貴命の父母、素戔嗚《すさのおの》命《みこと》と稲田姫命《くしなだひめのみこと》を祀り、姫路市安富町の安志姫《あんじひめ》神社、宍粟市波賀町の若邇志《わかにこ》神社（今は邇志神）、同市一宮町の庭田神社、同市山崎町の「遙拝所」篳篥《ひちりき》神社は伊和神社の「眷属ノ部類」とか。与位神社、子勝神社、庭田神社は、式内社である。

MEMO

伊和神社は、宍粟市一宮町須行名《すぎょうめ》に鎮座。本殿の後ろに、「鶴石」と呼ばれる二つの石が祀られている。同社を眼下に見る中山丘陵には伊和中山古墳群があり、宍粟市歴史資料館にその出土品などが展示されている。

馬螺《うまら》ヶ淵のガタロ
——切られた腕と薬

佐用郡佐用町中三河▼地図B16

播磨では、河童を「ガタロ」と呼ぶ地域が多い。柳田國男も、福崎町での思い出の中にガタロを登場させている。佐用郡の旧南光町には清流、千種《ちくさ》川が流れているが、この川にもガタロがいた。三河地区では、ガタロ伝説にちなみ夏に河童祭りが行われている。場所は、土手に河童像が立つ馬螺ヶ淵だ。ある百姓がこの淵で馬を川に引き込もうとした河童を捕まえ、馬代わりに酷使する。音を上げた河童が秘伝の薬を教え、百姓に許してもらったという。その原型らしき話が載っているのが『西播怪談実記』で、柳田國男も文献に載る最古の「河童の薬」型伝承として注目している。

佐用郡のある武家で売っていた「河虎《かわとら》」、つまり、河童の薬のいわれだ。宝永年中（一七〇四～一一）の七月下旬のこと、厳しい暑さにその武家に仕える下男は、馬を川辺に連れて行って涼ませた。ところが、馬が何かを引きずって駆け出し、厩へ駆け込む。手綱にからまったものを庭に引き出してみると、猿ほどの大きさの河童ではないか。

帰ってきた主人に見せると、「川で人を取る憎い奴」と河童の片腕を切り落としてしまう。河童は、「もう悪いことはしない」と泣いて謝った。主人が許してやると、河童は切られた腕を返してくれと頼む。主人が不審がると、骨接ぎの妙薬を知っているのだと言う。主人は河童からその製法を教えてもらったとか。

三河には明治まで河童屋敷と呼ばれる家があり、河童の薬を売っていたそうだ。なお、この淵の河童には、村人が必要なときにお椀を貸してくれたという椀貸し伝説も伝わっていた。

MEMO 馬螺ヶ淵は佐用郡佐用町中三河にあり、河童石像の他、河原にもモニュメントがある。この淵に流れついた神様を祀った大森神社が氏神。国の有形民俗文化財に指定された上三河の農村舞台が近くにある。

佐用の狐女房

――血で書いた法華経

佐用郡佐用町土井▼地図B17

『西播怪談実記』に、佐用郡にある真言宗の古刹、慈山寺が二度登場する。一つは生霊の話だが、もう一つは怪談ではなく当時の事実談。土井村、旧南光町土井で経筒に入った平安末期の法華経が発見され、同寺に納められたという話だ。その法華経は血で書かれていたという。この法華経の話が、『西播怪談実記』より半世紀ほど後に書かれた「佐用里談」に、「狐岩」というまったく別の伝説に姿を変えて登場する。その話を紹介したい。

昔、佐用に与四という親孝行な男がいた。与四は山で薪を取って暮らしていたが、ある日、美しい娘を連れて帰ってくる。老母も喜んでくれ、夫婦となった二人の間には男の子が生まれた。ところが、市坊と名づけた子どもが三歳になった秋、老母が亡くなる。その夜のこと、与四の夢に妻が現れ、「私は狐だ」と衝撃の告白をした。与四の孝行ぶりに感心して人に化身し、妻となったが、老母も亡くなったので山へ帰る、自分の命も来年に終わると言う。目覚めると妻は姿を消していた。

翌年の秋、与四が市坊を連れて妻が夢で告げた山へ分け入ると、見たことのない岩がある。これこそ妻の化身と親子で供養した。岩は狐岩と呼ばれるようになり、やがて与四が亡くなると、市坊は寺へ入った。自分の数奇な生まれを考えた市坊は、十三歳になったとき、法華経八巻を写そうと決心する。自分の体を切って血を出し、その血で経文を書いたそうだ。写経を終えた市坊は狐岩の前で命を終えたとか。

血書の法華経は残っていないが、今も市坊が谷という地名があり、狐に似た岩があると聞いた。

MEMO

白雲山慈山寺は、佐用郡佐用町山脇に所在。享保十一年（一七二六）に法華経が入った経筒を発掘した僧が住んでいた庵があったらしい場所には釈迦堂があり、土井地区の人々が花祭りなどを行っている。

小野豆《おのず》の平家塚
――ナスのヘタとジャンジャン穴

赤穂郡上郡町高田▼地図B18

平家の落人伝説は、ゆかりの行事が受け継がれている神崎郡神河町川上地区の壇ノ地蔵や佐用郡佐用町大畑の知盛塚のほか、姫路市夢前町莇野《あぞの》、相生市野崎・坪根、宍粟市山崎町母栖《もす》など播磨各地に残っている。いわゆる山上集落が舞台となることが少なくないが、その一つが赤穂郡上郡町の小野豆地区だ。この地に落ち延びてきたとされるのは平経盛、清盛の異母弟である。武将としてより、歌人として歌壇で活躍したとされる人物だ。壇ノ浦の戦いで入水して果てたが、伝説の世界では生き延びて上郡の地へ逃げてきたとされる。相生湾から上陸したのだともいう。

さて、経盛は紺屋をしている里人に教えられ、家来とともに小野豆の山中深く分け入り、洞窟に隠れ住んだ。やがて、源氏による落武者狩りが始まり、上郡にも源氏の兵がやってきた。兵たちは里人を問い詰め、経盛たちが隠れているという山へ分け入る。山中で行方を捜し求めていると、川の上流からナスのヘタが流れてきたではないか。「人

がいるぞ」と、兵たちはさらに山奥へ入っていった。経盛主従が洞窟の中で息をひそめていると、突然ニワトリの鳴き声が響き渡ったという。経盛の刀の鍔に彫られたニワトリが鳴いたのだった。

経盛たちは捕らえられ、経盛は家来の助命を願って自刃する。家来たちは主人の塚を築き、小野豆の地に百姓となって永住し、寺を建てて経盛の菩提を弔った。寺は経盛の官位と法名から、三位山真勝寺と名付けられたと伝えられる。小野豆では経盛を祀ったという五輪塔の前で、毎年「平家祭」が行われている。

MEMO 小野豆には五輪塔の他、経盛らが隠れたという「ジャンジャン穴」が残る。真勝寺は近年廃寺となり、経盛の陣羽織の端切れ、塗りの椀など、伝来していた品々は上郡町釜島の西光寺に保管されている。

和泉式部の雨宿り
——捨てた娘との再会

相生市若狭《わかさ》野《の》▼地図B19

関白藤原道長に「うかれ女」と評された平安時代の女流歌人、和泉式部。波乱に富む生涯は早くに説話となり、各地にさまざまな和泉式部伝説を生んだ。性空上人とのエピソードをはじめ、明石市魚住《うおずみ》町の小式部祷《いの》りの松、加古川市野口町坂元の和泉式部供養塔など、播磨にもいくつも伝説が残っている。また、たつの市揖西町には再婚相手、平井保昌の墓がある。そして、和泉式部が雨宿りした話が伝わるのが、相生市若狭野の雨《あめ》内《うち》地区だ。

同地区の教証寺に残された文書によると、歌枕の地を巡っていた和泉式部がこのあたりで急な雨に遭ったという。式部は雨を避けようと栗の木の下に入り、「苔莚敷島の道に行きくれて雨のうちにしやどる木のかげ」という歌を詠む。そのとたん、枝がたわんで雨合羽のように式部を包み、式部は少しもぬれずに済んだとか。

この伝承には続きがある。雨内で行き暮れた式部は、五郎太夫という長者の屋敷を訪れた。そこで太夫の娘に出会ったのだが、この少女が式部の歌での問いかけに見事な即興の歌を返した。かつて捨て子をした式部は「我が子だ」と直感し、五郎太夫夫婦に事情を告白する。夫婦は娘を手離すことをなかなか承知しなかったが、証拠の品もあった

ことから、ついに都に連れ帰ることができた。いくつもの和歌を織り込んだ、娘小式部内侍との再会の物語となっている。

また、和泉式部は五郎太夫に感謝し、念持仏の薬師仏を賜ったという話もある。屋敷跡とされる場所には、その仏を祀った薬師堂と薬師の井戸があった。珍しい枝垂れ栗、「宿り木の栗」は赤松円心の孫、教祐によって那波の浜御殿に移されたと伝えられる。

MEMO 雨宿りの故地には、「和泉式部旧跡」と刻んだ石碑が立つ。枝垂れ栗は、今は相生市那波《なば》本町の得乗寺に伝えられている。薬師堂は若狭野陣屋跡でもある大歳神社境内に移転、今も祀られている。

流れ着いた秦河勝《はたのかわかつ》

——坂越の船祭り

赤穂市坂越《さこし》▼地図B20

古代の代表的な渡来系氏族とされるのが、秦氏である。そのシンボルともいえる人物が、播磨にも多くの伝説を残す秦河勝だ。相生市の美濃《みの》山を舞台とする三本卒塔婆の話は、忠犬伝承としても知られる。また、赤穂市から佐用郡佐用町まで、河勝を祭神とする神社が千種川沿いに数多く点在している。その起点となるのが、千種川河口、坂越に鎮座する大避《おおさけ》神社だ。

天和二年（一六八二）の縁起によると、欽明天皇の時代（五一〇～五七〇年）、大和の泊瀬川畔に、洪水の後、一つの壺が流れ着く。その壺の中に入っていた美童が、河勝だった。秦の始皇帝の生まれ変わりという河勝は非凡な才能を発揮、聖徳太子の片腕として活躍したそうだ。ところが、あるとき、わけあって難波の浦から西海へ流されてしまう。うつぼ船に乗せられた河勝は坂越浦に漂着し、生島《いきしま》という小島に上陸した。生島には河勝が舟から飛び移ったと伝えられる岩があり、「飛び付き岩」と呼ばれている。

この島は大避神社の聖域とされ、島の木を切ると祟りがあると信じられてきた。

さて、坂越の浦人が河勝を「神仙」として祠に祀ったところ霊験あらたかで、朝廷からも「大荒大明神」、後に「大避大明神」と崇敬された。十二人の浦人が社人となり、毎年九月十二日に祭りを行ったと縁起に記されている。また、流れ着いた河勝は不思議な姿に変じており、大いに祟りをなしたという記録もある。困った浦人たちが神に祀ると、国中が安穏になったとか。坂越には十二人の浦人の系譜を引く「社家」と呼ばれる家筋が今も残っており、十月に行われる秋祭りで大切な役割を果たしている。

MEMO

大避神社は赤穂市坂越に鎮座。生島には秦河勝の墓と伝えられる古墳があり、同社のお旅所となっている。秋祭りでは二艘の櫂伝馬船に導かれ生島への船渡御が行われる。船祭りとして知られ、国の重要無形民俗文化財。

©ドウノヨシノブ

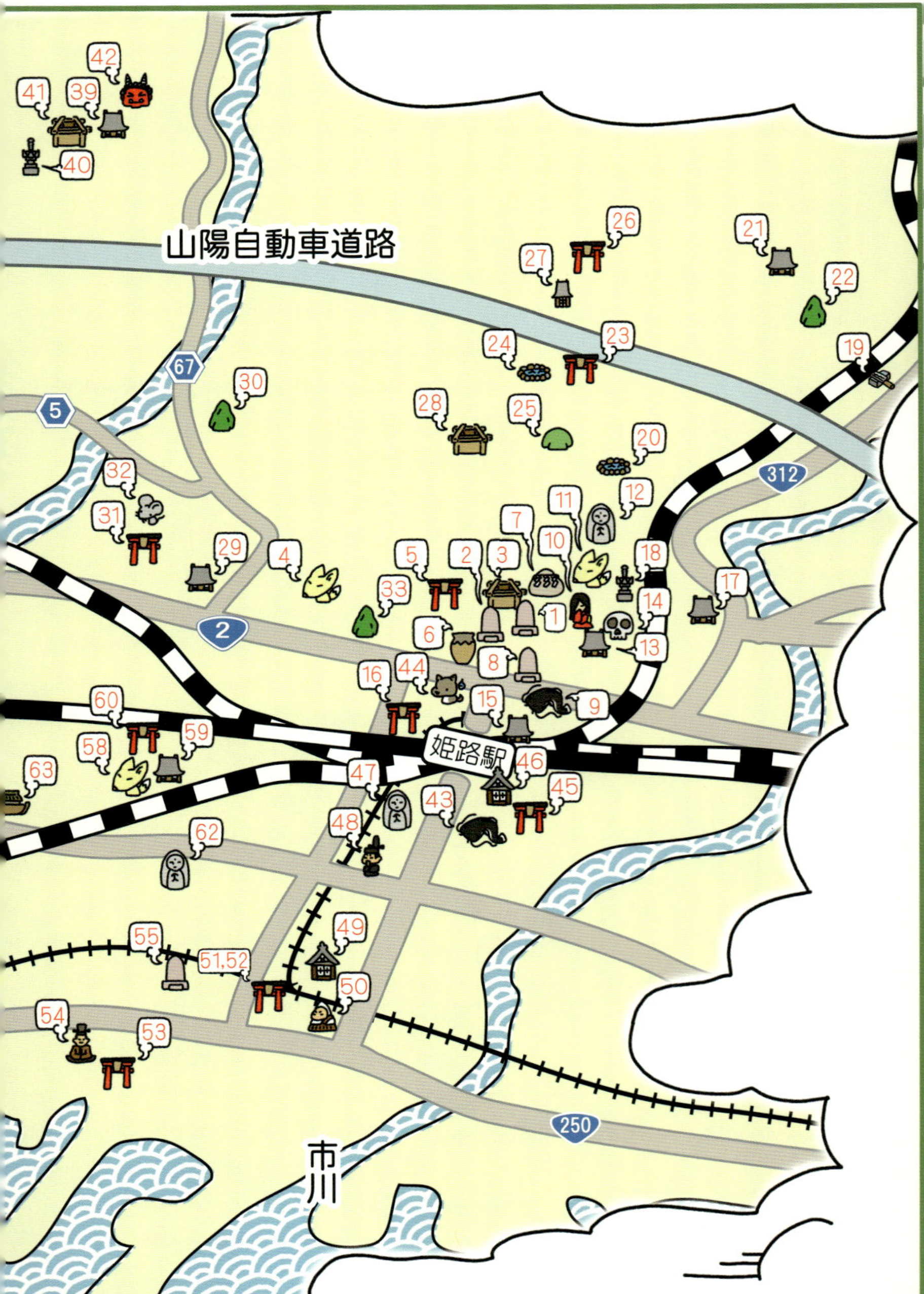

山陽自動車道路
姫路駅
市川
67
5
2
312
250
1
2
3
4
5
6
7
8
9
10
11
12
13
14
15
16
17
18
19
20
21
22
23
24
25
26
27
28
29
30
31
32
33
39
40
41
42
43
44
45
46
47
48
49
50
51,52
53
54
55
58
59
60
62
63

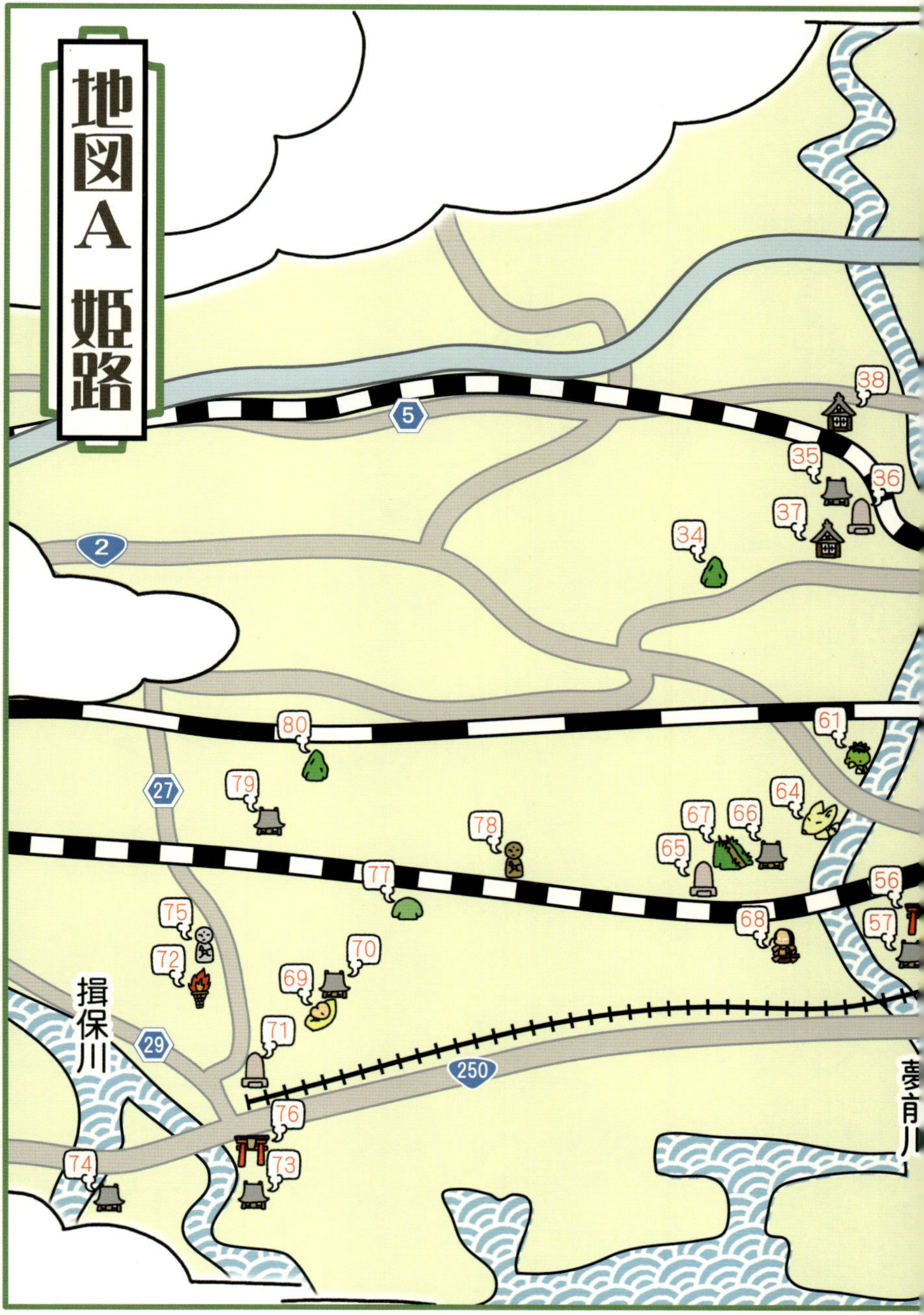
地図A 姫路
5
2
27
29
250
揖保川
34
35
36
37
38
56
57
61
64
65
66
67
68
69
70
71
72
73
74
75
76
77
78
79
80

地図B 播磨

生野駅
312
神河町
6
5
8
9
多可郡
神崎郡
175
10
市川町
崎町
372
加西市
7
北条町駅
口駅
加東市
175
372
三木市
2
428
加古川市
高砂市
3
4
250
加古川駅
稲美町
播磨町
加古川
明石市
1
明石駅

429
29
15
16
佐用町
宍粟市
17
佐用駅
312
179
14
たつの市
姫路市
播磨新宮駅
18
上郡町
13
179
11
上郡駅
12
相生市
19
太子町
2
2
相生駅
姫路駅
赤穂市
20
250
播州赤穂駅
千種川
揖保川
夢前川
市川

あとがき

播磨の伝説を巡る「夢物語」の旅、お楽しみいただけただろうか。お住まいの地域の伝説、新しい発見、何かしら「おもしろい」と感じていただけた話があれば幸いである。

本書は、平成二十年から神戸新聞に連載を開始した「はりま伝説 夢物語」をもとにしている。第一話から一六〇話（平成二十年三月～同二十四年八月）までの中から八十話を選び、大幅に加筆修正した。私にとってはどの話も等価値であり、地元の方にとってはなおさら大切な話ばかりだと思うのだが、紙数の関係で話の数を半分にせざるを得なかった。また、新聞連載の伝説の舞台が姫路市域に限られていることを考え、それ以外の地域から新しい伝説を採録することにした。新たに書き加えた二十話を合わせて、ちょうど一〇〇話。播磨という豊かな歴史風土を舞台とする、平成の百物語である。

「はりま伝説 夢物語」と題する新聞連載のきっかけとなったのは、平成十九年に舞い込んだ姫路商工会議所青年部からの依頼だった。当時の青年部委員長、関本慶次郎さんが「伝説・MACHIOKOSHI 委員会」を立ち上げ、「ふるさと姫路の歴史・伝説を知ってもらい、町おこしの一助としたい」と伝説紹介のイラストマップ作りを企画、その原案作りを頼まれたのだ。私が伝説を選び、ドウノヨシノブさんが地図制作とイラストを担当された。平成の大合併が行われたばかりで、新市域をつなぐ一助としての意義も込めた企画だった。関本さんはNPO「はりま伝説夢物語」を設立、伝説を活かした地域振興を今も模索しておられる。

完成したイラストマップは「播州姫路伝説巡覧図絵」と名付けられ、楽しいイラストのおかげで好評を博した。ドウノさんとは、『播磨の妖怪たち――「西播怪談実記」の世界』（平成十三年）を契機に行われた「さようの妖怪たち」展（佐用町・兵庫県立歴史博物館・神戸新聞社主催）で紙芝居制作をして以来のお付き合いである。妖怪好き、伝説好き、そして、いろんな地域でいろんな方々と胸襟を開いて付き合ってこられたドウノさん。その人柄がにじみ出たイラストが、「はりま伝説　夢物語」の一番の魅力となっている。本の形となったのも、その魅力のおかげと言って差し支えない。

新聞連載は今も継続中で、すでに二〇〇話を超えた。本書の続編をお届けできる日が来ることを、著者としては何より願っている。新聞連載を快く承知して下さった神戸新聞社、お世話になった多くの方々に感謝して本書の結びとしたい。

平成二十五年十一月

埴岡　真弓

本書は平成20年3月より神戸新聞姫路版・西播版で連載中の「はりま伝説　夢物語」1〜160話の中から80話を選び加筆・修正、また、20話を書き下ろしてまとめたものです。

埴岡 真弓　はにおか・まゆみ
1955年、岡山県倉敷市生まれ。奈良女子大学大学院文学研究科修士課程修了。日本史専攻。
播磨学研究所研究員、たつの市・加西市・西脇市・赤穂市文化財審議委員。専門は歴史学、民俗学。単著に『はりま歴史見て歩き』、共著に『播磨の妖怪たち—「西播怪談実記」の世界』、『はりま伝説散歩』、『播磨の民俗探訪』、『池田家三代の遺産』（いずれも、神戸新聞総合出版センター）など。

ドウノ ヨシノブ　堂野 能伸
1974年生まれ。特定非営利活動法人ひと・まち・あーと理事長、京都精華大学マンガ学部非常勤講師、京都造形芸術大学芸術学部非常勤講師。
イラストマップ、挿絵、立体造形など、平面から立体まで幅広く制作。
旅行雑誌「まっぷるマガジン」（島根、伊勢、兵庫、熊本、飛騨高山、富山、愛媛など、2006年度版～）昭文社、
銅像「ヤナセウサギ」原型制作（高知県香美市香北町やなせたかし記念館）など。

はりま伝説《でんせつ》 夢物語《ゆめものがたり》

2013年11月28日　第1刷発行

文　　埴岡《はにおか》 真弓《まゆみ》
絵　　ドウノ ヨシノブ
発行者　吉見顕太郎
発行所　神戸新聞総合出版センター
〒650-0044　神戸市中央区東川崎町1-5-7
TEL078-362-7140（代）　FAX078-361-7552
http://www.kobe-np.co.jp/syuppan/
編集担当　西 香緒理
印　刷　シナノ書籍印刷株式会社

©埴岡真弓、ドウノヨシノブ 2013, Printed in Japan
乱丁・落丁本はお取り替えいたします。
イラストの無断転載を禁じます。
ISBN978-4-343-00779-7　C0095